作者／
李承仲

境隨心轉 *C'est la vie*

李承仲董事長
勵志人生指南超展開
打造你想要的人生！

他是一個為夢開路的人

　　如果說飛行是我的事業，航空是我的夢想版圖。那麼，可以說我多年的老友，前遠東航空公司總經理、現任台北城大飯店董事長，李承仲先生，就是一個幫忙事業拓展版圖、充當開路前鋒的人才，也是一個讓夢想成真的築夢者。現代許多的年輕人也許都不知道，如今我們搭乘飛機去到許多異國城市，不像早期需要轉機許多次，還有種種的簽證關卡，才能抵達目的地。那個讓飛行變得更親民，讓你我的旅行更便利的先鋒功臣，就是這位李承仲先生。

　　當然，一件事情的成就，並非一人或少數人就可以成事。以航權談判這件事來說，其中就包含許多環節，牽涉到政商高層的互動、方能建立共識；再加上許多地方的行政單位和資深商界人士的對接，在實際運作過程中，更需要技術層面不同領域的學者專家參與。當然，最重要的環節就是面對面的航權諮商，過往我擔任民航局長任內，曾有許多機會與民間的航空公司互動，很早就認識李承仲這位人才，後來更和他結為情同手足的好哥們，也曾並肩作戰，一起在異國開闢航權新疆土，每件事都值得將來退休後當茶餘飯後津津樂道的精彩故事。例如：我跟承仲老弟曾在瓜地馬拉共事將

近一個月時間，雖然許多的歷程基於商業機密不便透露，但其中高潮迭起，每當想起那段時光，心情就會感到非常振奮。

雖然攸關各種國際談判的細節，許多無法對外公開，然而讀者不要擔心，光那些異國的風光和經歷，就有許多精彩故事，我翻閱本書就覺得承仲先生真的是說故事的好手，讓人深入其境，彷彿讀者也在現場共同感受不同的國家的風情，然後看他像英雄電影般，面對重重關卡，最終化解難題，整個閱讀過程一氣呵成，實在過癮，全文閱畢卻令人充滿省思。

我非常認同他在書中所述說做人處事的原則以及生命中的哲理，雖然過往就曾和他秉燭暢談，了解他的許多俗世理念，但透過書本，重溫他那些睿智的言語，仍心有戚戚焉。

在本書，承仲老弟非常強調建立一種人生高度，特別是我們不該總是抱持著從台北觀天下井底之蛙的態度，總是聽人云亦云的評論，卻沒有自己的見地。若有甚麼見解，也往往都是以偏概全或者只是見樹不見林，對於特定的人事物的偏頗，在書中承仲也常常鼓勵讀者，看事情要多深入，要多去了解背後的意涵，不要單看表面。好比他說得好，你若連安史之亂的故事都不曉得，怎能去感受杜甫【春望】裡那種「峰火連三月，家書抵萬金」的心境。而當我們不暸解一個國家的文化，怎能理解美國為何過感恩節？以及日本為何那麼看重櫻花的心路歷程呢？

承仲老弟本身雖然事業經營有成，但他本身也真的是個

文學家，經常和他聚會時，聽他隨口就可以唸出一首完整的詩詞，包括連同序文加詩文長達近八百字的《琵琶行》，他也能很順暢的像哼歌般整首唸出來，並且我真的可以感受，他已經深入那些文句，心有所感，抒發心情也對社會抱持著憂慮及關懷。

總之，承仲老弟一方面是個可以勇往直前，跑先鋒的企業戰士，一方面也是胸中有物的現代學者。他允文允武，令我衷心敬佩。

如今有這樣的一本好書問世，提供人們一個可以開啟世界觀的門奧，對廣大讀者來說真的是可喜可賀。對我個人來說，書中描述的精彩歷程，有些我雖沒親身參與，但可能也因為職務關係跟事情進展有某些鏈結，這些更讓我閱讀時，或澎湃，或讚嘆，這真的是一本令人可以一再閱覽且發人省思的用心之作。

每個人都有自己的夢想，而本書則可以讓每個有夢的人，或許在書中找到一個可以做為依循的指導方向。有夢最美，因為好書相隨。

張國政

張國政

前民航局長
財團法人航空事務教育基金會創辦人

「人若精彩，天自安排。」

「報告老師，我想到貴校進修博士班。」這是臺北城大飯店李承仲董事長見到我的第一句話，「他看起來文質彬彬、謙恭有禮，應該不是開玩笑的吧！」我心裡想，他的眼神露出對學位追求的渴望，肯定又自信的話語，透露著誠懇的決心，實在不像假的。我心想這位與我年紀相仿，卻有人生閱歷的董事長，應該是經過深思熟慮才來找我的。他在聽完我分析邁向博士之路後，更加肯定了他的決定。「既然有緣，我們就一起來台北科大的學術殿堂學習吧!」這次的會面，自此開啟了我跟他的師生緣分。

李董事長年輕時從台中出發，大學畢業到台北打拼考上長榮航空之後，外派歐洲，第一個據點在奧地利維也納，隨後展開了他的奇幻旅程，包括英國、德國、柬埔寨、中國、菲律賓、印度、緬甸、菲律賓、日本等地，最後再回到台灣各地，最終落腳台北。在這本書中，透過他敏銳的觀察力，敘說他的工作與生活經驗，我們可以藉此窺見他在當地生活的旅遊軼事，各地民情風俗，感受到不同國家的文化與趣聞。與其說這是李承仲董事長的人生旅行印記，不如說這是

一本心靈雞湯的好書。尤其是李董事長每每遇到困境時，總能在最短的時間調適，那種心路轉念的歷程，都那樣令人驚心動魄，卻又折服於他的智慧與抉擇。

　　「花若芬芳，蝴蝶自來；人若精彩，天自安排。」李承仲董事長雖沒有符合父母從醫的期待，卻能從師（補教名師）、從航，到從商，路雖崎嶇，但卻精彩絕倫。成長的過程中，沒有怨天尤人，只有勇敢面對，不對現況自滿，只追求做到更好。一路秉持這樣的精神，兵來將擋、水來土掩。欣聞李董事長有意將過去的人生閱歷轉化為文字付梓，著實令人期待，有幸在第一時間拜讀初稿，在閱讀的時候猶如是拜讀一部世界壯遊的旅行紀要，更像是看到李董事長的成長奮鬥史，絕對值得讀者們再三品味、細細體會，讓我們跟著李董事長展開愉快的人生壯遊吧！

張仁家

2022.4.29

國立臺北科技大學　技術及職業教育研究所　教授兼學務長

鮮活的旅讀人生，見證了
生命樹要澆根、人要交心啊！

「世界」是一本書，不旅行的人只是讀到一頁而已，「輪迴」像一幅畫，不覺知的人只會茫然若失而已。

想要看見世界的無限可能，人生總得從「體驗」開始，和 Joseph 這位多年老友的相識說起來也妙了，我們的初識，在有一年韓國首爾的扶輪年會相遇，當時同為扶輪社友，猶記得我們在會場時，哥倆並肩拿著國旗感動上場的畫面，下台後，愛旅遊、四處授課交朋友的我與 Joseph 聊開，聊到 Joseph 有趣的人文體驗，在對話中我們成了無所不談的莫逆，放眼人文藝術、醫學養生、財經投資、旅遊視野，都成了我們無所不談的話題，當年的我們，熱血的在韓國幾近零度要落不落雪的天氣下，欣賞著 Joseph 私廚般通透的介紹韓國燒酒、街邊美食，這場大口乾杯、天南地北地暢聊，也奠定了我們長年下來有趣的交情。

多年來，我看見了 Joseph 為後進學子們，在航空管理、

旅遊觀光、設計人文上的教學實務上，不遺餘力地分享著、推廣著、去提攜後進，著實有友如此，與有榮焉，而我也深深被感染的在生命中熱血了起來，多年來我在亞洲各國分享「聲音」，將「民俗療法科學化」、讓「養生」易學易懂，致力於不醫、不藥、非診、非療不侵入，沒有醫師法、藥師法的問題去論證臨床，務求能讓我們周遭 70% 的「亞健康」人們，能更能快速且有選擇地恢復健康生活品質，這也是我 10 多年來到各國義工、義診、教學、臨床後所看到的有趣視野，期盼自己也能跟上好友的腳步，將人生的感動繼續分享給世界。

書中，如親見般深入其境，透由 Joseph 在書中的娓娓道來，體驗到 Joseph 在長榮集團服務時，由生活中微觀而感動的人文相處哲學藝術，從而在人生上獲得機遇的精彩，人說：「行萬里路不如讀萬卷書，讀萬卷書不如閱人無數，閱人無數不如高手指路」，恰恰貼切了好友一路走來，從年輕時的補教名師、到航空事業的先驅全才、跨足設計、藝術人文，至今都在在的蘊含了給生命有趣值得回味的篇章。

成功沒有奇蹟，只有軌跡，成功不靠條件，只靠信念，在 Joseph 的敘述中體驗到，人生就像是個囊袋，在無數的日子中不斷收集著我們的寶貴視野，恰似寶藏一般，在人生需要的時候，彼此就在人生的囊袋中掏出豐盛的瑰寶，去應用、去品味，這是一段多麼值得讓讀者、後進細細咀嚼的有

趣人生啊！

　　分享加措活佛的一段話來詮釋好友，就不難明白 Joseph
實踐於生命中的豐盛時，為何會如此精彩了。

　　「生活中，我們渴望被人欣賞，卻往往忽略了欣賞別
人！更多時候，我們善於發現別人的缺點，樂於放大自己的
優點，甚至在別人的不幸中找到自己的慶幸，然而，欣賞是
互相的，想要被人欣賞，就得先去欣賞別人，只有欣賞了別
人才會被人欣賞，人生路上，需要用真誠的心靈去欣賞，而
不是只用好奇的眼光去打量。」

楊裕仲 Leo

「缽。聲灸」療育系統創辦人
中華亞健康世界總會主任委員
中國管理科學研究院商學院大健康學院客座教授

一切都是最好的安排

欣聞李董要出書，我本以為是航空專業內容著作，在拜讀初稿後，方才知道這本書更像是李董人生奮鬥縮影的分享，其中提到在航空業的衝鋒拚搏精神，筆路藍縷之路令人感佩。

談起李董其實是一位多年的舊識。據了解，他小時候就很喜歡製作飛機模型，算是不折不扣的的飛機迷，可能就因為這樣，從小與飛機結下不解之緣，而長大後竟然也真的當上航空公司的總經理。原先就讀外文系的他後來竟能在航空職涯取得如此成就，也不得不說一切都是最好的安排！

猶記當年 Airway 世界民航雜誌的創刊號以及第二期的刊物中，都有李董所撰寫的專業文章，在草創初期，百廢待舉的狀況下，幸賴李董拔刀相助，讓雜誌內容增色不少。後來李董因任務需要，派駐歐洲、日本、中國及香港等其他外站，我們有很長一段時間沒有聯絡；直到某個因緣際會的場合，才得知他已離開長榮，並已貴為遠東航空的總經理。因

其所涉獵的航空領域相當廣泛，之後我再邀李董撰文分享，對 Airway 著實有相當助益，也是讀者和航迷同好之福！

近日得知李董事長目前亦受聘為中國科技大學的兼任助理教授，教授航空概論以及航空英文的專業科目，將其自身寶貴豐富的經驗，與莘莘學子分享，這種親身經驗的傳承，尤其難能可貴。也希冀業界其他的航空前輩，亦能像李董一樣不吝所學，培養更多航空業優秀的精英，造就更多的航空專業人才！在此也祝福李董的作家新身分，一如過往的跨界闖蕩大獲成功如名山之業！

詹欣樺

Airway 世界民航雜誌　總編輯

不斷創造人生被利用的價值

　　在這屬於地球村的年代，觀光旅遊早就是人們生活經驗的一部分（在新冠疫情之前），而承仲兄對於旅遊觀光提出一個「唯有深入當地生活才能真正了解當地」，非常值得思考的面向。談全球化也論在地化，一處景點與當地文化總是被表面的方式呈現在觀光客面前，而當旅人選擇從文化角度切入，就不僅是觀看，也不僅是移動到某處，而是包括思維模式、行為習慣以及社會關係都跟著改變。

　　本書不只單純談人生哲理，更多的是當你身處他鄉時，當文化風俗與台灣截然不同時，如何從不同角度切入去了解該國文化內涵與歷史背景所建構出的「人情」，從當中找到關聯性並懂得反思。確實，觀光旅遊並不是炫耀走過多少國家，重點是有沒有「深入各國，認識不同種族的居民」，不僅是用眼睛看就好的景致，「融入國外生活去觀察不同文化背後所蘊涵的精神，並能有所啟發」。

　　本書架構完備，文章如行雲流水般的書寫流暢引人入勝，這當中有承仲兄回首人生各個階段的再體悟，而每個章節最後總會提到任職於不同崗位時期的歷任長官、一起奮戰過的同僚，此更彰顯出「重情、念情以及惜情」的個性，此

正是他身受各界愛戴、晚輩尊敬的原因。

　　書中有一段記錄我印象深刻，那就是台灣涼椅大王曾振農給當時在柬埔寨洽談航約期間承仲兄的話──「承仲啊！永遠要記得一句話：這輩子，你要不斷創造你人生被利用的價值」。讀到這句話時我驀然驚覺，原先還在納悶，以承仲兄認識的達官顯要以及名人作家前輩之眾，哪裡還輪得到我這位「既不是董事長，人生也從未達到高峰」的小晚輩來為本書寫推薦序？此時回頭想想，原來這不正是承仲兄對於我這位小老弟在業界採訪工作多年的價值肯定，真是無比的榮幸與極大的榮耀！

　　最後我想說的是，欣聞承仲兄出版人生第一本著作，但相信認識承仲兄的朋友都知道他在面相學以及紫微斗數上擁有極深厚的學識涵養，不過在本書中隻字未提；也許當讀者們閱讀完本書卻意猶未盡時，可以寫信到出版社敲碗，期待承仲兄下一本新著作能在這幾項專才上述說更多的故事與我們分享。

唐偉展

旅報 總編輯

讓自己成為一顆生命中的鑽石

　　世界在流行甚麼？有人說是元宇宙；有人說是自媒體；有人說是疫情，重新改寫原本的生活觀念，有人說反正世界變來變去，大家就處變不驚，以不變應萬變吧？

　　當然，人生沒有標準答案。就好像五年前人們一定無法預知會有個元宇宙，連 FACEBOOK 都要重新改變定位；更猜不到會橫空出世一個世紀大病毒，把全世界搞得雞飛狗跳。

　　未來的確不好預測，但唯一可以確定的一件事，就是無論在任何時代，我們都要懂得精進自己。

　　這是一本關於改變的書，但改變中有其「不變」，那個「不變」就是說我們不論身處哪行哪業，挑戰怎樣的艱難任務，都要擁有一個處世的基礎。我認為這樣的基礎，關乎做人做事的基本原則，關乎做人做事的格局，也關乎做人做事所帶來的一生評價。

　　本書主要講述的是我從求學時代開始到後來創業，在航空、旅遊、旅館、餐飲、經營管理、外語教育等領域，我自身的經歷。本書聚焦的年代是我在長榮集團服務那前後約

十六年的時間，在歐、亞、美各國開疆闢土，拓展市場的實務心得，重點並不在任何的管理談判或職場工作的技術層面，而是將重心放在心態、格局的分享。

也因為我本身處於台灣航空產業界，同時擔任過多樣的職務，包含我擔任過遠東航空公司總經理，也擔任過長榮駐派不同國家的代表，擁有和許多國家航權談判的經驗，同時，我經常是站在第一線的先鋒，最擅長的是從無到有，打造一條新的航線，拓展一個新的航空版圖。到目前為止，我個人的經歷堪稱豐富，包含不同產業、不同職位的歷練；在海外見證了不同國家的文化，且擁有第一手的交流資訊，藉由足跡遍及世界的機緣，蘊含著在不同國家的工作經驗，以及與各國人士交流學習，希望能與年輕人共同分享世界觀的體驗，去做更深度的學習。

很少人有像我這麼多樣的經歷，曾去過槍林彈雨的國度，到辦公室前第一件事要學習用槍；也曾去過風景如畫的國度，乍到時童心大起，還想要化身孩童去丟雪球。在貧富差距很大的國度，感嘆高級名車奔馳過一路的遊民及乞丐；在燈紅酒綠台商迷失的國度，見證過兩岸商貿的變遷。

然而，本書不是本旅遊探險紀行，更不是個人歌功頌德的炫耀。多年來經歷過種種的人事滄桑，看透了商場及人性冷暖，也認清許多事物背後的本質，所以我衷心企盼，藉由我目前的人生經歷，不僅僅只是我個人的故事，而是如果能成為帶給人們的一種正向的影響力。特別是針對年輕人，如果可以在職涯最初徬徨的時刻，能夠從本書體驗到一種重新

看待事物該有的心態，面對困境時該有的體悟；以及無時無刻對自己該有的警醒，那可能就可以減少這一生不少的冤枉路。

有許多人會抱怨，自己出身環境不好，別人家是富二代，儘管求學時候不努力，甚至專門霸凌同學，反正出生有好基因，在學校成績好壞不重要，只要高中畢業以後，就會被送去海外留學，之後一路註定就走著菁英路線。而其他的平凡人再怎麼努力就只能過平凡日子，這好像都是老天註定的。

然而，真的是這樣嗎？

以我自己為例，我不但是上述的那種「平凡」人出身，甚至某些條件還更差，小時候就氣喘不能正常念書，長大入社會後，也因為長期要照顧中風的父母親，生活狀況並不優渥。但所有的困難都不是困難，因為那些都只是生活中學習的課題，我選擇把自己的領域做到最好，在看似沒路的地方找到新出路。就如同本書的書名，不但要攀登高峰，並且登頂過後，尋找機會，再創下一個高峰。

市面上勵志的書很多，這本書絕非另一本心靈雞湯式的勵志叢書。只希望讀者可以跟我一起親臨從歐洲、日本、印度、柬埔寨到中國的第一現場，跟我一起從驚奇的遇見、面對挫折與挑戰、然後找出突破的關卡。當回首前塵路時，竟自發現，曾經將不可能化為可能，寫下屬於自己的榮耀與驕傲。

我要和讀者分享的，在莎士比亞的名著【威尼斯商人】有一句名言：

All that glitters is not gold.

並不是所有會發光的都是黃金。
黃金在哪？鑽石在哪？
答案是：
只要你是鑽石，去到哪裡，你都是鑽石。

當然，世界是充滿挑戰的，日子是不容易的，知名企業家馬雲不是說過：「今天很殘酷，明天更殘酷，後天很美好，但大部分人死在今天和明天的晚上。」

你要怎樣成為那個迎向美好的人，重點就在於你要建立正確的心態，你要養成持續學習精進的習慣，你要讓自己成為那顆發光發亮的鑽石，而不是玻璃。

人生沒有永遠的困境，鑽石到哪都可以持續閃耀；人生也沒有一個最終的高峰，一山還有一山高，所以，我們更要與時俱進，終生學習。

在進入本書前，我這裡最後要分享影響我一生的名言，是台灣知名企業家曾振農先生曾經給我的鼓舞，他說：「永遠要創造你人生的被利用價值。」

這句話我一輩子謹記在心。

希望你也可以。

　　謹以此書，感謝我的父母親，張榮發總裁，以及在我成
長歷程中，幫助我成長茁壯的每個人！

目 錄 · CONTENT

受想行識 37

▎成長感受篇

受**想**行識 99

思維想法篇

受想**行**識 139

行動致遠篇

受想行識 177

生命見識篇

佛說：每次照面、都是五百年前修來的緣分。

有人說：人生就像一列火車，經過一個個不同的月台，有人上車、有人下車；出現在你生命中的人，有的只是摩肩擦踵，有的則會駐足停留。

然而浮生若夢、為歡幾何？就如同黃粱一夢的故事般，人生不就是一場跨時空的旅行，而我們只是這時空中的旅人？也有人說人生如戲，誰不希望戲中高潮迭起、舞台豐富多元？像如同旅行般不斷地更換場景呢？

那怎樣的方式，才是最適合你自己的人生？

身體和靈魂，總有一個要在路上。而旅行正是慰藉人生的良藥。今天很高興能和各位讀者分享人生這幾十年來的重要領悟，就讓我從旅行的角度談起吧！

◎ 旅行與人生的思維一：莫聽穿林打葉聲，何妨吟嘯且
　　徐行

大部分的朋友也都是熱愛旅行的，我想。但是你的旅行是怎樣的方式呢？是走馬看花？拍照打卡、到此一遊？還是凡走過必留下痕跡，學到了甚麼？領悟到甚麼？

我們看待旅行如此，看待人生也可以如此。

你的生活哲學是「混日子」心態覺得凡事及格就好？還是只聚焦在「有人注目」的時候，人前一套、人後又一套？抑或是你會珍惜在世上的每一刻，認真地去過好每一天？

都說世事如棋局，真假虛實交錯，然而重點是：就算別人看不清你的虛實，至少你自己要了解自己的立場以及存在的價值；切忌因過場的頻繁而迷失本心，正所謂「莫忘初衷」。許多哲人前輩都經常做出這樣的提醒，正因為許多人在人生舞台上演的過程中，常常錯把別人的劇本當成自己的人生。席慕容寫：「在別人的故事裏流著自己的淚。」戲子的一生終將是可悲的。

用別人賦予的角色取代自己的本性，到頭來只能落得鏡花水月一場空，在感嘆人生無常的同時，卻忘了自己是怎麼的蹉跎放蕩，浪擲了青春歲月。

所以什麼是人生的「真」？

人們經常說，透過喝酒可以看出一個人真正的人品，所以父母嫁女兒前會找理由把準女婿叫來聚會藉機灌酒，企盼他酒後吐真言；小小牌桌上亦可洞見人性，一個人在輸贏之間的姿態，便是人生的姿態。

而我卻經常透過旅行的時機場合，觀看人生百態。旅行，往往代表著處在一個「遠離熟悉場域」的狀態，當一個

人不必像在熟人面前戴上假面具，或者就像人們說的「離開舒適圈」，被迫必須面對許多過往沒接觸過的挑戰時，他會有怎樣的反應？會驚慌失措？會逃避責任躲在別人後面？會經常情緒暴走？還是不改原本的冷靜與從容？

其實，「人」這個英文字 Person，其拉丁語源是 Persona，原意就是面具，因為在人生這場戲裡，每個人都扮演不同的角色，有時候扮演父母、有時候扮演情人、有時候扮演教育者、有時候扮演學習者。事實上，我們每個人每天都戴著不同的面具，然而這件事不全然是壞事，畢竟，所謂文明以及禮儀，不就是要我們懂得在適當的場合做出對應的舉止？看見長輩要禮讓，看見女士要展現紳士的風範等等，這不是虛偽，而是人生的待人處世與應對進退。所以面具像是一種假象，整體來說卻反倒是人生實像，包括心理學大師榮格，也用面具比喻我們不同的人格特質，他還總結，每個人的人格就是他所有面具的總和。

常言道：假作真時真亦假，無為有處有還無。

所以，這世上沒有絕對的「真」，只有符合當下人事時地物的「真」。就如同我在本書裡經常強調的，甚麼是對的？甚麼是錯的？對錯的標準往往植基於規定，但規定與規則的本質是甚麼呢？所謂凡有規則必有例外，所以這世界上並沒有蘊含著放諸四海皆準的絕對規則。當我們用自己的標準去衡量別人時，總有著諸多的批判，然而是否應有著「我見青山多嫵媚，青山見我應如是」的反思？

一般而言，人的舉止往往植基於文化的培育，好比同樣

是把大拇指和食指相接成圈狀，其餘三指豎起，這手勢大家很熟悉就是指 OK 的意思，這當然不是發展自東方文化本身，而是來自英美文化。但同樣的手勢在法國跟在德國，卻又有不一樣意思，甚至在南美國家這手勢有著鄙夷的性暗示。再好比對台灣的民眾來說，很多自以為熟悉的語法跟動作，其實背後有的來自日本殖民時期的影響，有的來自西方文明的影響，像台灣不論任何世代的人，拍照愛比 V，這手勢原意是指勝利與和平，發軔於戰爭的年代，V 代表 Victory，由西方傳到日本，再從日本傳到台灣。可是如果將這個 V 字形的手勢反轉，手心向內，那就是女性罵人的手勢了。在文化的交流的進程中，自身文化與外來文化的融合，不應海納百川的照單全收，反倒忽略了自己的本質！而是當生活越是衝突的時候，就更應該認真的去思考自己真正想要甚麼？包含過往的、此刻的，以及未來的自己。

　　旅行，應該讓自己學會去思考更多、體悟更多。去過許多國度，走過很多路，每一個遠方都是人生的來處。

◎ 旅行與人生的思維二：人事有代謝，往來成古今

　　旅行，既需要深度，也需要廣度。在不斷地修正過程中，希望旅行後的我比起旅行前的我，有著更深刻的領悟。

　　你知道嗎？日本的雪有著怎樣柔軟的質地，而韓國的雪相對較硬較不適合滑雪，那不是轉述網路的傳說，而是親臨的見證。若深入去了解其背後的原因，那又跟雪季登場的時

間有關了，因為韓國雪季比較短，所以無法凝聚出日本優質雪場那種鬆軟綿密的雪。

或許你了解，菲律賓是雙週薪制，每個月的第二及第四個星期五下班後，ATM 前就會排滿長長的人龍，等著領薪水去狂歡。面對生活的態度是活在當下，享受人生。而在奧地利，人們則是工作與私生活區隔明確，下班打卡鐘一響，一分鐘也不多停留。我並非要在茶餘飯後找話題跟人閒聊，而是希望人們去探究每件事背後的意義。例如，準時下班的文化在我們來看是很不敬業的，真的是這樣嗎？難道奧地利的經濟發展就因此比我們差嗎？如果沒有，那又是為什麼？

這才是我想要與諸位讀者一起探討的問題。

我本身具有豐富的國外生活經驗，而不是所謂的旅行提著行李箱走過五大洲，讓護照蓋滿戳印的概念。讓客居成為生活，並且凝結成一種具體的影響力。我的旅行，是深入的，在一個地方居住有的以年計，短者也有數月，與當地人一起生活，一起交流，用他們的語言了解他們看待事物的觀點，是如何地與我們不同。

我從來都不曾覺得外國的月亮比較圓，也絕對避免故步自封。甚麼「中學為體，西學為用」，老實說並沒有一個絕對標準，畢竟甲可以選擇他要的國外流行，乙可以有另一種截然不同的選擇，當下沒有對錯，但每一個此刻的決定都可能改變明天的人生。若一個人自身定位不明，就糊里糊塗的跟隨著主流觀點走，或者明明自身條件完全不一樣，硬要把另一種文化套在自己身上，甚至據以糾正別人落伍或者沒水

準。站在局外人角度，可能看你演得四不像，然而你卻可能當局者迷，還在荒謬地當另一種文化的辯護人，那樣狀態就容易陷入所謂知識障的悲哀了。

　　總結來說，人生本就沒有標準答案，我的這本書也並不企圖傳達「正確無誤」見解，雖然有所謂「真理愈辯愈明」，我則更願以真實見聞為依據，用親身經歷做基礎，在本書提出的許多實際例證，都是來自我在世界各國生活工作的第一手感觸。

　　我要鼓勵讀者們，特別是當下的年輕人們，第一，要做自己，不要去做別人的馬前卒，因此做人做事前一定要想清楚；第二，想清楚的前提是，植基於夠多的判斷素材，也許年輕人閱歷不夠，因此我特別鼓勵趁年輕多增廣見聞，能出國見識最好，否則也要設法趁年輕豐富生活經驗。第三，想清楚後，你要怎麼去「落實」於自己的人生？既然都說人生苦短，那更要讓自己活得精彩，而所謂精彩是甚麼？絕對不是成天泡舞廳或成群結黨言不及義。就如同莊子所云：「有真人才有真知」，唯有靠自己身體力行、練達人生，才可能收穫深切而真實的體悟。

　　最後，關於人生，《心經》有云：「行深般若波羅蜜多時，照見五蘊皆空，度一切苦厄。」

　　所謂五蘊，係指色、受、想、行、識。其中「色」，簡單說就是這個花花世界，包含我們所處的寶島，也包含歐美文化、日韓文化、東南亞文化等等。那種「色不異空，空不

異色；色即是空，空即是色」的意境，是大部分人很難體悟的，特別是年輕人。那麼或許就換個角度，趁年輕就積極去感受吧！本書分成：受、想、行、識，四大篇，分別從受（人生感受），想（觀念思維）、行（生活作為）、識（生命見識）四個維度，結合我的人生真實體驗，和讀者們分享各種希望對大家有助益的看法見解。

　　當然我必須再次強調，人生不像考試的是非題，是沒有標準答案的，但終究，比起猜測或人云亦云，我願以親身參與各國文化的經驗值為基底，相信更可以提出有助於人生學習的參考指南。

　　泰戈爾詩云：「生如夏花之絢爛，死如秋葉之靜美」

　　這是很美的意境，但人生該如何絢爛呢？

　　可以確認的，絕不是宅在家裡整天玩電腦就可以做到的，你一定要走出去。不只是字面意義上的「打開家門」走出去，或者旅行意境上的「踏出國門」走出去，更指的是「敞開心門」去看看這個世界。

　　千里之行始於足下。

　　讓我們一起「由自己走向世界，再從世界找回自己」

　　翻開這一頁，讓我們啟程吧！

關於作者：李承仲董事長

全台灣唯一同時具備航空、飯店、旅行社實務運作，並且都擔任過領導者的跨領域專家

*現任：兌為澤國際有限公司董事長

　　　淡江大學國際觀光系專技副教授

　　　醒吾科技大學觀光管理系專技副教授

　　　中國科技大學企管系專技助理教授

　　　台北市旅館商業同業公會理事

　　　中華民國餐飲人力協會理事

　　　中華國際觀光協會理事

　　　中華港澳之友協會常務監事

　　　台灣觀光發展協會理事

　　　中華美亞協會常務監事

*專長：擔任過 YMCA 英、德文教師，通曉（英語、德語、日語、國語、台語）五種語言

*經歷：

1）長榮航空公司外站代表：奧地利維也納、英國倫敦、德國法蘭克福，建立歐洲各國分公司及整體行銷通路；調任日本東京分公司並負責全日本營業銷售營運；大陸北京／廣州分公司首席代表，負責公司籌設暨客貨業務規劃推廣事宜。

2）任職長榮航空 16 年期間，歷任長榮航空企劃本部經營

企劃室，負責航權談判、航線規劃、全球 GSA 管理。曾擔任台北，台中分公司營業主管，負責團體、散客及套裝產品銷售，台灣地區 FIT 業務管理，網路行銷部門（MIS）等部門。

3）分別於派駐柬埔寨、馬尼拉、緬甸負責新航空公司籌設。分別與 印度 / 澳洲 / 紐西蘭 / 帛琉 / 越南 / 寮國 / 日本 / 韓國 / 澳門 / 香港 等國家洽談航權，與各大航空公司談商業合作。

4）柬埔寨吳哥航空公司總經理

6）日本 YKT 旅遊公司台灣代表取締役

7）鴻翰國際旅行社董事長，公司專營滑雪，重機，高爾夫球的旅遊規劃及營運

8）碩禮室內設計裝潢公司董事長

9）貝里斯鴻道貿易有限公司董事長

10）遠東航空公司總經理（兩任）

11）台北城大飯店董事長（全台唯一古蹟飯店）

受想行識

成長感受篇

| LESSON | 1 | 境由心生，境隨心轉，境為心存 |

　　其實我算是屬於後知後覺的人，在求學的過程中，一直都是懵懵懂懂的。從小學到初中這段期間成績只是中上，後來抽籤進了台中的衛道中學，也不是前幾名那種資優生，甚至有段時間跟一群損友鬼混，放棄了直升，最後高中聯考失利，只勉強錄取讓家人很不滿意的學校，父親氣得有近三年時間幾乎都不跟我講話。說真的，當時的內心是徬徨糾結的。心裡一直有個聲音在懷疑自己，難道人生就註定這樣過了嗎？要如何突破現狀呢？

　　最後，在經過反覆的思索後，我得到兩個建議的方式：一是設法擴展自己生活經驗，二是藉由新的經驗改變舊有的人生。

◎ 人生，不一定要優秀，但一定要豐富

　　當年父親對我的失望，就如同寒天飲冰水，冷暖自知。總想要做點甚麼來補償，可是要怎麼做呢？因為我無法讓自己一夕間從資質普通的孩子變成學業模範生，也不想浪費一年時間去重考，看是否可以考到更好的學校。

　　既然此路不通，我試著轉換另一條路，我跳脫「學業成績好壞」的樊籠，選擇讓自己變得更多采多姿，用其他才藝

來展現自己的能力。原本中學以前很平凡的我，從 15 歲那年起，重新綻放開來。我讓自己擁有了很多頭銜：擔任學生大隊長、吉他社社長。此外我讓自己文武兼備，文化類型活動及運動類型競技都有相當成績，包括參加書法比賽，其中作文比賽還獲得全國比賽的佳作。

說實話，以博得父母歡心這個初始目的而言，當時我是沒達到的，就某種程度而言，我像是已被放棄，當然指的不是指教養上的放棄，而是原本父母望子成龍的那種夢想投射，被終結了，而我的人生就是被定位為自求多福的那種狀態。

但以目前來看，我高中時代的選擇，套句現代常說的話：「突破舒適圈」，最終證明對我的人生有很重要的影響：除了讓我勇於嘗試，勇於承擔責任等心態方面的突破，也培育較技能層面的我：敢於公眾演說，臨危不亂、敢於接受挑戰等等，對我後來的職能生涯產生相當加分的效果。

人生，就是從不設限。

所以，我也想問問年輕人，或在職場上的朋友們：不論你現在是二十歲、三十歲還是已來到中年。你是否現在碰到甚麼「侷限」？

＊是否不敢上台講話？不敢對一群人發言？

＊是否不敢承擔去成為一個 PM，怕自己扛不下來？

＊是否這也不能做，那也不敢做？因為知道自己不是那塊料？

那麼最終要請問，你只是「現在」做不到，但期望日後做得到嗎？而那所謂的「日後」是指明天、後天、下個月還是明年？總不能把自己的人生演成長恨歌，落得「此恨綿綿無絕期」的結局吧？

抑或是就打定主意，這一生注定就是這個樣子？但，是誰賦予你這樣子的裁量權，決定自己終身勞碌平庸？

當然人生沒有對錯，有人追求富貴，有人淡泊名利，有人獨善其身，有人兼善天下。但就算是獨善其身、就算是淡泊名利，也該讓自己處在至少對自己最身心安適的狀態吧？

不論如何，只要「此時此刻」你願意做出努力，明天一定可以跟今天不一樣。

◎ 突破界限，突破自己

父親是從事西藥進口的生意，父母的「望子成龍」，講明白些就是希望我將來可以當個醫師。

但人生總是有種種的「夢想與現實間的差距」。不單單指的是父母的期許跟我這不成材孩子表現出來的成績差距，其實當我們認真追求夢想時，老天卻安排一次又一次打擊，那種離夢想總是遙遠的差距。特別是生命中有時候會出現的意外狀況，往往令人感到措手不及。

我高三那年，家中遭逢一個莫大的打擊。

父親經商因受到朋友債務牽連，導致周轉不靈，甚至賣掉家中三間房子也無力償還。我的人生一夕間風雲變色，從

生活還算小康悠適的生活，自此家道中落，淪落到家無恆產，還必須過著做家庭代工、四處躲債的日子。

當命運設下殘酷的桎梏，除了面對挫敗以及設法求生之外，未來依然需要面對，所以，也只能想方設法在資源短缺下，繼續拚搏下一階段人生。

那年我參加大學聯考，考上的是輔大德文系，因為是私立學校，當時我家的經濟狀況，是無力負擔的。為了籌措學費，我利用短短三個月打工賺錢，幸運的讓我籌到註冊所需的款項。後來去學校報到才知道，原來還有助學貸款這種資源，那年好像就是大專院校開辦助學貸款的第一年，就誠如聖經上所言：當上帝關上一道門，祂定會為你開上一扇窗，也因此讓我往後的七個學期，可以比較無後顧之憂。

無論如何，家裡發生的逆境，以結果來說，反而逼我必須擺脫優渥生活的習氣，學習著獨立自主、衝破困境的能力。在大學四年的生涯裡，逐漸地讓我將諸多的挑戰內化為生命中的養分，當我面對這樣困難時，將之視為生命中的功課，人生就在不知不覺中豁然開朗了。

其實每個人都有他的困境，就連幼兒也有他的困境：怎麼我都被這些欄杆關住爬不出去？我想騎車車，可是車車太高了我爬不上，好焦慮。

但終有一天那個困境不再是困境，甚至根本不算是一回

事了，因為幼童已經長大。然而隨著年紀增長，並不是每個困境都可以因為時間改變而消除。有句話說「時間可以解決一切問題」，這並非人生正解，時光寶貴，怎能浪擲青春歲月去豪賭未來的雨過天青？

我在職場的經歷豐富，也在不同產業當過老闆或團隊領導人，看過了太多的人放任自己處在被「受限」的狀態，就是說今年這個員工抱怨這個問題，然後明年他依然抱怨，五年後來看看他，他也依然如此。問題沒有消除，只是他已年華不再。

試想一個情境，一群人去登山，第一道難關是長達上百階的階梯，有人在此就卡關了，階梯太高了我爬不上……然後幾個小時過去，其他人都已經爬到山腰，面對的是下一個難題，有 60 度的陡坡，必須攀繩爬越，但有人卻仍在山下喃喃抱怨著「階梯太高、階梯太高……」

這聽起來雖是個較極端的例子，不幸地卻也正是現實職場中很多人的現況寫照。

＊你是不是永遠在抱怨同樣的問題：跟同事相處不好，老闆都不尊重員工，跟外國人無法溝通……當你永遠在怪罪別人，卻沒能突破眼前的困境，這就說明你的人生被受限了。

＊你是不是回想起三年前，老闆要你寫個企劃案，你得熬夜三天三夜都不一定做得出來？但現在要求你做這些事，對你來說根本是小菜一碟，你煩惱的是其他層面的事，像是明天該如何說服客戶續約，因為我們的服務是最好的。

如果你現在煩惱的事跟三年前是一樣的事，那你就是被受限了。

　　想想你有沒有處在這類被受限的狀態？例如有人從年輕時代就喊著「我一定要學會英文」，結果十年過去了，現在依然告訴自己「有一天」要學會英文，那請問這是甚麼情況呢？

　　學習脫「困」，人生才能前進到下個境界。因為當你覺得苦的時候，通常苦已經過去了！

LESSON 2 命運無法被選擇，卻能被掌握

當你覺得一切很順利的時候，其實你已經開始走下坡了。因為舒適、安逸其實是生涯最大的敵人，當你心滿意足覺得現在這樣就很好，那你就很難去追求更好。

當然做人知足也很重要，但那是指心境上當碰到挫折或不如意，凡事要往好處想。但知足不代表畫地自限，因為每個人都可以知足，但整個社會環境不會等在那讓你永遠處在同樣安適狀態。

由於自身語文學習能力比較強，在大四那年就已經成為補教界的名師，一個二十出頭的年輕人，就已經月入十多萬，這種情況不是很好嗎？我幹嘛要去改變？

當年的我如果一直就是補教名師，後來的我會怎麼發展呢？人生很難去假設如果當初怎樣，後來就會怎樣；另一條路可能更好也可能更壞，但肯定沒有辦法造就後來的我、環遊世界之際，也當上航空公司總經理的際遇。

我的建議：當你覺得現在生活很好，這是不錯的！但別忘了想想「除此之外」你還能多做些甚麼？

成為一位現代社會中的 π 型人，多一門技能，多一張證照，多一種專長，多一條斜槓，就算只有進步一點點也比停在原點好，不是嗎？

◎ 別讓青春只是安於現狀

念大學的期間，寄宿在樹林的姑姑家，白天念書、晚上在保安宮對面的菜市場裡幫姑姑賣自助餐，就如同現代的打工換宿一樣，藉以節省生活上的開銷。感謝姑姑的照顧，讓我在剛到台北求學的初期，有個遮風避雨、安身立命的地方。這些學生時代的歷程，雖然增加了一些人生的閱歷；但最重要的是，讓我真正的學會了感恩，也能了解父母親生育、養育、教育的劬勞。事實上，我所認識的諸多成功企業家，有人學生時代拼命打工，有人則是專心學業真正提升自己，甚至有人選擇輟學直接進入職場，這和將來是否功成名就並沒有絕對關係。

其實重點還是在人生每一個關鍵的時刻，你做出怎樣的抉擇？有沒有把握機會還是徒然讓機運溜走？

我在大三開始兼任家教，畢竟是念外文系的，語文程度還可以，大四的暑假期間我就去 YMCA 兼任英文老師。當年要能夠在 YMCA 這樣的單位，跟原本就是以英文做母語的外國人一起擔任教師，的確要有相當實力。那時候台中 YMCA 的幾家分館，我都得趕場去教課，時間排得滿滿。一堂課 100 分鐘，我的薪酬是 660 元，換算成一分鐘是六毛六，總結算每月總有超過十萬收入，在當初年代我覺得自己

已算是個很會賺錢的年輕人了，更何況那時我是學生。

　　所以，有時不免也志得意滿，覺得家人應該以我的「成就」為傲，但其實並不是如此。一方面原本家人期待兒子當個醫師，後來我卻是當老師，同樣是「師」字輩，感覺收入水平差距不是個等級。二方面，我相信父母當年其實也是要我趁年輕多多增長閱歷的意思，不希望我那麼快就定型，至少去外面世界看看。

　　其實這也是我要對所有年輕人的建議，生命給予青春最寶貴卻也最容易被荒廢的禮物，就是時間。

　　老天爺是公平的，因為每個人都一樣，一天都是 24 小時，每個人做決定時會猶豫的原因，不外乎必須考慮要承擔的風險。就好比看到時勢潮流，做 3C 用品買賣不錯，可是當你是中年人有房貸要繳、有妻子及兩個孩子要養，你考慮的重點絕對跟一個二十幾歲的年輕人不一樣。所以年輕人怕甚麼？只要不是要你傾家蕩產或做違法的事，碰到商機拚搏一下又何妨，大不了後來判斷錯誤沒賺到錢甚至蝕了點本，但換得的經驗則是無價的。因為當年紀太大之後，就不能如此了，既然青春只有一次，所以年輕人真的要把握啊！

　　因此，就算有的人從小立定志向想開餐廳，那很好，但也建議三十歲前多多歷練，可能去不同餐館見習，或者出國看看海外的美食趨勢。或者有人志向是當太空人或總統那類的，不是不許你作夢，而是鼓勵趁年輕先去外頭闖蕩看看有沒有各種「新可能」？也許你會發現，比起當太空人你還更喜歡從事銷售工作，要知道當太空人可是很孤獨的呢！

然而，這些你不去試怎麼知道？

總之，雖在補教業做得不錯，我相信靠著那一行我應該可以建立穩定的生活。但我還是聽從家人的建議，後來嘗試跳出補教圈，也跳出打工趕場拚時薪的思維，這樣子後來考上長榮航空，從此就改變了我的視野，我人生的上半場。

在此，我要謝謝前台中 YMCA 總幹事陳森華先生（Samuel）給我的提攜，還有慈音、愛慧、雋卿等同事們的照顧。在此，也一併感謝彩華姑姑、素女堂姊、姊夫的一路以來的關懷與照料。

◎ 感恩苦難，因為那是命運最好的安排

我必須說，做父母的總希望孩子過得好，也希望不要只是將人生侷限於在補習班教英文，他們也許不見得是基於甚麼「擴展眼界增長見聞」這類的理由，而是希望我能找個大樹好遮蔭，希望孩子至少能獲得生計的保障，因為畢竟做生意的風險起伏較大，也較為凶險。

當時兩個參考值，就是我的兩個姐姐，她們一個也是在中部知名的集團任協理的工作，一位是在全國數一數二的製造業上市集團公司服務。父親那時也希望我去找家大公司，並且要我就是得往北部跑，但其實他們內心也是掙扎的，畢竟兒子若在台中教書那是可以常承歡膝下的，相較來說，兒

子去外面闖蕩就離父母比較遠。但為了孩子的未來,他們選擇放手,鼓勵我北上發展。

運氣的來臨往往就在毫無徵兆的一瞬間,後來我錄取上長榮航空,因為當時報考的人數超過六千人,實際錄取的只有 72 人,錄取率極低。嚴格說來算是運氣,因為我的學習專業主修德文、副修英文,當年念外文系並非是我的優先志願,其實因為考到政大比較冷門科系,所以選擇了輔大外文系,至於會選擇德文系,也是因為分數有高低標的關係,只好去念德文。然而這些當年的「不得已」,變成了我後來職場生涯的優勢。

所以,不需要怨嘆命運發給你甚麼牌,也許你現在追求的是 A 但後來得到的是 B,只要你願意把 B 這件事做好,相信老天後來也不會辜負你的努力付出,將會為你開啟一道全新的大門,通往原先意想不到的美好境界。這正是山窮水盡疑無路、柳暗花明又一村的驚艷。

因為語文相關背景(可能也包含大學時期拼命打工的資歷),加上後來面試對答得體,很榮幸被長榮集團錄取後,下一個驚喜很快就出現,因為我在德文方面的專業,成為了長榮航空外第一位派駐歐洲的的人選。

說是驚喜,因為這的確是特例,在長榮原本的文化裡,一個新人至少必須要在本國歷練三年以上,才有可能晉升,並開始有機會參與海外任務。但當年我所擁有語文的專業,加上長榮航空正要大力拓展,我欣逢其盛。從此開啟了我在

長榮十多年的海外資歷。

　　我記得很清楚，我是 1991 年 10 月 17 日抵達歐洲，然後是長榮的發展大事紀：長榮是當年 11 月 11 日歐洲首航，正式飛航台北→曼谷→維也納這條線。

　　那年我才剛滿 26 歲，自此我在歐洲前後待了將近五年，包含奧地利兩年，英國兩年，還有德國跟法國等。

　　很榮幸擔任了長榮航空在歐洲開疆拓土的先鋒之一，參與建立從無到有的泛歐洲公司與銷售渠道的任務。初到歐洲我由基層的櫃檯處理訂位開票開始，很快地轉任 Inside Sales，再來是 Outside Sales，從那時起我幾乎跑遍整個歐洲。

　　在期滿回台前，我已經獨立運作成立長榮航空法蘭克福分公司，未滿三十，月薪已經超過二十萬，不只提升了自己的眼界，也從此能為家人置產，改善父母親的生活。

　　其實由於當時年輕氣傲、恃才傲物，我自滿心態自此種下了日後一些負面的影響。但這裡要強調的，我們每個人的人生不一定會依照你「規劃」的路線走，甚至得說，絕大部分人後來走的路，都跟他最初想像的不一樣。因為計劃往往趕不上變化，不是嗎？

　　然而，就因為不一樣所以要自暴自棄嗎？因為不一樣，就索性一切交由老天安排嗎？或者你本來就沒有甚麼人生規劃，所以人生變得如何也無所謂？

　　生命態度的不同，影響你在每個階段的精彩與否，以及帶給再下一個階段發展的正面提升或負面消磨。

改變也許不一定在你原本掌控範圍，但請記得你要努力去掌握每一個改變。

　　往者已矣，來者可追，請善用你的今天，掌握你無限的未來。

　　後面就來分享我的海外見聞。

　　在此，也非常感謝駐歐期間，我長榮航空的長官們 ：周寶裕先生（現任立榮航空總經理）、陳憲宏（前立榮航空董事長、現任長泛旅行社董事長）、游清溪協理，陶行健先生，黃聖茂先生，王源祥先生等其他同事們對我的支持與關照。

LESSON 3 唯有心房打開，方得見聞增廣

其實出國這件事，本就是我給自己設定的一個夢想，當年最早是想出國念書，我的托福成績也很優異，無奈家道中落，我根本沒財力出國，連海外旅行都不可能。但命運的安排，竟然讓我二十五歲起就可以圓夢，並且不只是出國，而且是可以深入的融入國外生活。

若撇開剛到一個陌生國家的興奮感，實際上來看，每個國家的人民就跟你我一樣，也是過著他們行住坐臥的日常，初期難免以劉姥姥逛大觀園的觀光客心境，當個開心的好奇寶寶，但是最終還是得回歸思考：怎樣在異地過好每一天。

我們派駐歐洲並不是去度假，企業經營依然要顧好成本，每天的支出開銷都必須在有限的預算下考量，拜訪客戶出差行旅也都得精打細算。承蒙長官不棄，我很快就被賦予業務推廣的重任，行事曆上排滿一個又一個的行程。

這同時也讓我更深入各個國家，感受不同的文化。

◎ 不同的國度，不同的文化

電影電視裡常看到的畫面，背景是歐洲偌大的莊園，前景是一張長長的桌子擺滿豐盛的宴席，俊男美女，香檳美酒配上鵝肝及新鮮魚子醬，貴族的奢華，極致的享受。

實際上在歐洲開疆闢土的我們，每日所處的情景跟那差

很多，因為宿舍離辦公室有段距離，清晨當天色昏暗的時候，就得起床準備早餐，然後出門趕搭早班地鐵上班以免遲到。午餐，就是優格和三明治，因為簡單方便。下了班，還要趕回宿舍輪流做飯，因為環境使然造就了我一身的好廚藝，這也算是無心插柳的收穫吧！在歐洲，有人喜歡累積不同城市明信片，有人喜歡蒐集每個車站的車票，但我呢！那幾年在歐洲，特別是出差的時候，我幾乎吃遍了歐洲每個國家的麥當勞。

很多時候我們以自己國家的經驗去運用到海外，或者以電影裡的情節去模擬不同國家的生活方式。事實上，現況也許跟你想像的完全不一樣。例如麥當勞這樣的店，早已登陸歐洲，但另一個很知名的美國速食品牌肯德基，在 2000 年以前其實歐陸是找不到的，在比利時當地流行的是一家名為 Quick 的速食店，還被稱為是法國版的麥當勞。

我剛到維也納，就有機會看到下雪的場景。對我來說可是人生第一次看到雪啊！心情就好像小孩子看到新玩具一般雀躍。然而對比於早一梯次先來駐點的前輩，他們則擺出「你等著瞧」的那種表情。果然，大雪初降的那天，我們幾個新到的夥伴非常興奮，把自己投射成浪漫愛情電影裡那種丟雪球的情境，但隨即發現，下雪並不那麼好玩，我們穿著不適合的鞋子，很快地從玩雪的心情，轉換成必須戰戰兢兢走路避免滑倒的心情，再等到後來雪水侵入鞋內，那種不舒服的感覺，心情更不美麗了。

下雪之後，更感到一種幻滅。因為彼時雪在經過空氣污

染、地上污水沾染以及眾多行人踩踏後，已經變成一片髒污。由於天寒地凍，從亞熱帶來的我，還真的不太習慣。關於下雪這件事，除了親身體驗外，任何書本上的描述都不夠貼切。其實剛剛開始下雪沒那麼冷，真正最冷時刻是即將下雪前，雪落下後就沒那麼冷了，因為熱量發散出來了。

還有我們時常看電影還會看到歐美人的穿著，似乎非常酷，穿著西裝再套上大衣很有貴族紳士形象，但那種衣服在一年四季均溫都十幾二十度的台灣，穿起來會很奇怪。

因為奧地利是內陸國，境內又有阿爾卑斯山，冬天的時候，零下二十度的氣溫是司空見慣的。公司宿舍在 19 區 Grinzing 酒莊附近，離貝多芬的故居不遠，因靠近維也納森林，滿山遍野的葡萄園，在冬季時，更顯得蕭索寂寥。有一點很有趣的是，由於室內室外溫差很大，室內可能有空調設定在攝氏 25 度，室外卻是零下 25 度，兩者差距可是 50 度之多。因此在台灣買的鞋子，往往由於溫差過大，放在室內沒多久就開口笑了。所以在歐洲冬天生活的時候，建議先去購買當地製作的雪鞋保暖、防滑。走路時，最好是學習像企鵝般左右左右前進蹣跚的開門進來（因為地太滑了），以免滑倒。

至於室內則大多都有暖氣，衣服的穿搭，建議以剝洋蔥式穿法，不一定要穿很多件，可能就是一兩件襯衫內衣，搭配溫暖的外套大衣，然後還要加上帽子跟圍巾，一進門就是，脫下大衣、帽子、圍巾就好、簡單方便。

仔細想想，雖然海外的生活跟台灣可能差距很大，但其實就算是在台灣本島，不同的鄉鎮也是會有不同的風俗習慣，舉例來說有沒有想過，以元宵節也就是古時候所說的上元節這件事來說，為何有的城市要放蜂炮，有的城市是炸寒單，兩件事有很多共通點，但又表現出不同的形式？

　　如果我們總是抱著觀光客心態，那就是年復一年的拍照打卡寫炫耀文，但如果願意用心，其實是可以去發現不同城市背後的故事，並且當更了解一件事物的背景後，觀賞活動的心境也會不同。

　　如果去原住民朋友家作客，或者去拜訪客家文化聚落，甚麼事要特別注意不要觸犯當地習俗？並且也去了解那些習俗背後的歷史成因。這樣每次的旅行才能真正有助增廣見聞，提升視野高度。

　　相較之下，出國這件事因為對比反差太大，包括人的外貌、講的語言、建築設計還有飲食方式都跟自己經驗差很多，所以可以刺激思考。但其實若是有心，生活處處是學問。

　　不禁想起《華嚴經》經典語句：「一花一世界，一葉一菩提。」

　　前提還是要有顆願意去理解世界的心，正所謂，萬物靜觀皆自得、落花水面皆文章，人生就無入而不自得了。

◎ 知所不足，方能成長

俗話說：「不知道天高地厚」，還有句話說：「人外有人，天外有天」。但那些「差距」的感覺，一定要走出去才知道。就好比一個總在鄉下學校得第一名的孩子，她若一輩子不去外地，總以為自己是最棒的那個，直到城市才發現自己的程度可能在一個班級成績評比連中上都排不到。

對比，不是為了製造自卑感，而是讓自己可以有新的自我期許，擁有新的選擇，例如都市生活跟鄉下生活對比其實各有優缺點，但至少你都要去體會過，才能用融會貫通的心聲，提出「自己」的觀點。

初來歐洲，駐點奧地利，後來又以 sales 的身分跑遍歐洲各大城市。實在說，我是對自己有相當自信的，一般來說，長榮在地的業務推廣，主力還是要聘請當地人，但我是少數例外，因為我的語文程度已經可以讓我做為第一線去接洽客戶，對答交流沒有問題。

記得有一次我在英國拜會客戶時，就被上了一堂語文課，才知道自己要學的東西還有很多。

那是一間在倫敦頗有規模的旅行社，雙方洽商出團機票合作事宜。如同在台灣一般，談業務之餘，該旅行社老闆也跟我談天說地，而我的英文也應答如流。但當他問我平常休閒活動是甚麼？會不會釣魚啊？

Fishing？我隨口回答，當然，會啊！

但接著又問我一個問題，我卻當場傻住了。他其實沒有

問甚麼深奧的哲學問題或刁難的腦筋急轉彎，他只簡單地說：「你會釣魚？那很好，請教你釣的是甚麼魚？能不能說出十種魚來跟我分享一下？」

情急之下，我還真的擠不出十種魚的名字，只好把所知道魚的英文都派上用場了，Salmon（鮭魚）……最後連Shark（鯊魚）都用上了，即便如此，我依然湊不出十種魚的名字。

看著老闆嘴角微揚的神祕的微笑表情，我當時真的尷尬到無地自容。

想想，自己分明是外文系畢業的，還自詡為YMCA的名師，過往為了考語文國際認證，也背了很多艱深單字，結果呢？人家只是問你生活化的問題，就輕易破功了。我想，除了是因為自己學習能力太差，台灣英文教育制度的設計是否也應做某種程度的修正呢？

從那次經驗後，我就重新去檢視自己所謂的英文能力，還特地去買了一台電視（當年在英國買電視，是必須先申請一個TV License，繳完費才可以觀看），最主要是讓自己習慣英國腔的發音，加強聽力用的。同時也去WH SMITH書店買了不少Paperback，也就是口袋平裝書，利用每天早上搭火車上班時閱讀。

剛到英國的第一年，因為要經常往返Gatwick機場，所以就住在Zone 5的East Croydon。每天早上搭Thameslink火車經過泰晤士河，全程將近40分鐘，發覺車上看書的人很

多（這點和早期日本很像），所以我就跟著依樣畫葫蘆，短短的兩年時間，也著實看了不少書籍，增強了閱讀及日常生活字彙的能力。現在的我當然已經可以很輕易地說出至少十幾種魚的名字，但那也是必須感謝那家旅行社老闆的洗禮，才讓我下定決心做徹底的改變。

善於發現自身的長度，生命往往會因此提升好幾個維度。例如你的專長是數字，或你的專長是繪圖設計等等，先了解自己是否還有很大的進步發展的空間，那麼，你就真的會有更上一層樓的機會。

LESSON | 4 | 橫看成嶺側成峰

　　每個人從呱呱落地的那一刻起，不論將來從事什麼行業，或是立定什麼人生志向，其中共通的一個目標就是讓自己「變得更好」。更簡單的說，就是讓自己成為人才。

　　一般而言，我們會以技藝來定義一個人是否有「才」，例如很會電腦操作、口條很好懂銷售等等，而最基礎的評定方式就是文憑，一個大學畢業生就已被認定是有足夠的「才」，可以在社會謀職。但一個社會如果過分強調技術技藝技能面，這樣子的「人才」是否還缺了甚麼？

　　從前讀《論語》，有一個不是很知名的段落，卻讓我至今印象深刻。那就是有一次孔子跟弟子子游聊天，當時子游擔任武城宰，孔子問他「汝得人焉爾乎？」意思就是「你有得到怎樣的人才？」

　　子游回說：「有澹臺滅明者，行不由徑，非公事，未嘗至於偃之室也。」

　　學生時代我不懂為何「行不由徑」就可以被視為人才？如今在社會打拼，特別是海外的工作經驗，讓我對這句話有真正體悟。

◎ 正視自己，首先要正視他人

談起「行不由徑」，我個人有段非常難忘且深刻的經驗。

那年我的在德國，帶領著當地的業務團隊，負責拓展德國的市場。身為領導人，我習慣和群眾走在一起，與團隊保持良好的互動，包括中午時間也會一起用餐，跟在台灣一樣，因為午休有時間限制，上班族都是就近在辦公室附近用餐，公司對面就是餐飲街區，但也如同在台灣一樣，明明餐廳就在「對面」，但兩個點之間並無斑馬線相連，必須繞行一大段距離才能到對街的餐廳，每次這樣繞著ㄇ字行走，實在耗去不少時間。

那天「聰明」的我，一看當時兩邊沒甚麼來車，就迅速穿越馬路，不過幾秒鐘的時間，我已到達目的地。我還很興奮地回過頭來跟我的同事招手，Komm, Komm, Komm mal here！

只見我的那些德國同事們，盡皆搖搖手婉拒，繼續往前朝斑馬線方向走，甚至隔著馬路我也看得到有幾個微微搖著頭。霎時間，我覺得自己很丟臉，不只丟自己的臉，還丟了台灣人的臉。

急甚麼？以結果來說，我雖「提早」到了，還不是只能站在那邊等他們？

身為一個團隊領導人，自己卻做了錯誤的示範，只是貪圖快與便利而走捷徑，卻不知這樣有可能造成危險，而這種

求快卻不遵守規則的方式，卻好像是我們社會中普遍的現象。當天大家還是開開心心的聚餐，而我也接受他們對我「五秒鐘比五分鐘快，但最後還不是一樣？」的嘲弄。然而，這背後不只是民族文化的思維方式不同，也包含不一樣的生活智慧，從辦公室走到餐廳，繞路走看似「浪費」好幾分鐘，但如果我趁著邊走路邊聊天的過程，多增加跟同事互動那不是更好？從此以後，我就常警惕自己要成為一個「行不由徑」的人。

在台北生活的時候，我們經常看到路上人們行色匆匆，在捷運站裡不管政府呼籲幾次電扶梯兩側都可以站人，但至今我們踏上電扶梯依然習慣站右側讓左邊淨空，因為永遠有人處在「趕路」的狀態，總是匆忙的從左側通過。

說真的，有那麼急嗎？有差那十幾二十秒鐘？如果怕遲到，為何當初不早點出門呢？

生活中也是一樣，台灣人習慣一心多用，邊講電話還可以繼續打電腦，不然就是讓雙手動動，整理這整理那也好，似乎展現出台灣是最有工作效率的地方，同樣時間別人只能做一件事，我們卻是多功能，可以最短的時間內快速完成許多事情。

但以結果論，我們有因此比較強嗎？除了半導體等高科技產業，其實我們的整體 GDP 及人均所得，並沒有強過那些「比較笨」的國家。

大多數的德國人做事是非常按部就班的，感覺上好像比我們台灣人工作「沒效率」，但德國的國民所得，卻是將近台灣的兩倍。

　　其實德國人做事的方法看似步調緩慢，重點卻是每個步驟都穩健、很踏實，在這種追求卓越精神的傳承下，無形中就樹立了德國製造的口碑。舉凡 Simmens 西門子、Bayer 拜耳、造車工藝執牛耳的 Mercedes 賓士、BMW、Porsche 等企業都有著屹立不搖的世界品牌地位。

　　除了德國，在此還要提到另一個工藝大國—日本。雖然德、日這兩個軸心國，都是二次世界大戰的戰敗國，戰後期間也曾經歷過非常慘澹的歲月，但終究都成為被世人認可的高品質生產大國，都是 G8 的會員國，經濟實力也都遠勝台灣。德國被稱為是匠人精神，日本則是職人精神的代表，究其原因，其背後所蘊涵的民族性與及文化背景是息息相關的。

　　其實也曾聽人問說，像日本職人般，「一生懸命」地投注在一件事上，就真的好嗎？我只能說，追求完美態度，專注在每件事物上，最終達到技藝的極境，不論成品結果如何，這樣的精神，就值得學習，且令人為之折服。就如同從事餐飲服務業的人員，秉持著「一期一會」的精神，把每次的接待任務，當成最重要的使命來完成，其結果，不僅是賓主盡歡，而且對自己的能力也是一種肯定。

自省，是一個人生命中最為關鍵的能力。反省自己正在做的事，你已經做得很好了嗎？還是只做到及格可以交差就好？如果你自詡是個人才，這樣的品質是你認為可以代表你全部的實力嗎？

想通了這點，看待工作，事業，或是志業，你就會有不同的看法與境界。

◎ 當局者迷，不妨學會站在局外

正所謂當局者迷，很多事情，一定要「跳到圈外」才能看得出來，為什麼有很多人說想要改變、想要突破，但幾年過去還是沒甚麼長進？因為他就是停留在原本的同溫層裡，彼此相互取暖。由於大家幾乎是有志一同做類似的事，沒有差異化，自然就習以為常了，就如同管理學中所提（三隻猴子的故事）一般。

所以我非常鼓勵年輕人趁青春時光，有機會就外出走走，不是要去一味盲目地追隨，而畫地自限，是要去經歷「原來還有另一種選擇」。

以台灣的上班族來說，雖然各個產業性質多少有些不同，但整體來看工作模式很類似，台灣的島國性格，造就大家講究所謂的效率，老闆招聘員工，經常是把人力資源當成一種成本，最好員工都是上班打卡制下班責任制；員工也習慣把自己「營造」成很忙的樣子，以證明自己很有「價值」，每天案牘勞形的在桌上擺滿文件，每次主管經過都剛好忙著

打電話,並且人人都習慣一邊打電話一邊做其他事情。不只台灣如此,隔鄰的日本也有類似的職場文化,甚至日本的男子下班後,最好要去參加應酬,如果太早回家妻子還會覺得丟臉,因為鄰居會指指點點說這個男人大概在公司沒有發展前景,竟然連晚上都不需要應酬,卻也因此造就了 Pachinko 柏青哥,Izakaya 居酒屋的文化。

當然,這些都不是通則,但至少占了很大一部分比例,所以已經被視為是該國文化的一環。

這裡強調的不是我們去評比哪個文化好哪個文化差,而是要試著去觀察不同文化背後所蘊涵的精神,有的源自於千年的歷史傳承,有的跟現實大環境有關,例如香港和新加坡共同特徵就是地小人稠,又缺乏天然資源,因此人民被迫商業化起來,我們都說台北人走路比較匆忙,但拿台北跟香港比,緊張程度又差了一個等級,香港人上下班時間大家走路更像是急驚風。日本更尤有甚之,上班期間,地鐵站還有人負責從後面推人上車;而新加坡將自己發展成國際之都,高度國際化相對的也帶來龐大的壓力,不像台灣人經常會被說很有人情味,新加坡職場可是很殘酷的,稍有鬆懈就被競爭機器給淘汰下來。

而提起小面積的國家,經常被對比的還有以色列以及瑞士,有人可以說出新加坡跟以色列以及瑞士,有哪些異同嗎?其實每個人的看法不一定一樣,甚至論點差很多,重點是你有沒有去想這件事?每天日復一日生活之餘,有沒有去

想想在這個地球上，還有哪樣的生活方式？

今天假如你獲聘擔任一個企業集團的營運長或資訊長，你將怎樣擘劃公司的全球布局？怎樣擬定全球的行銷策略？相關的資料蒐集，就只會去電腦 Google，然後複製貼上。有曾想過所謂的名嘴，所謂的趨勢分析大師，甚至社論主筆，他們所講的話都是對的嗎？或者沒有所謂對錯，可能評論的內容有七分屬實三分純屬臆測，或是尤有甚者，八分捏造而只有兩分是事實。

依據第三手的資訊，人云亦云，再用這樣加工過的資訊，做為生活的判斷依據，這樣真的對嗎？

要知道，就算「大部分人」都認為怎麼樣，也不代表這就是真理。例如六百年前，不只大部分人，而是「全部人」都說地球是宇宙的中心，若有人說地球繞著太陽轉，還怕被視為妖魔異端。還有很長一段時間包括民眾以及專家學者，都把胃潰瘍視為是飲食習慣不佳加上壓力導致，直到一九八零年代才發現病因是病菌感染。

請各位讀者思考一下，在日常生活中你常聽到的教誨、傳說、叮嚀、忠言……哪些是真的，哪些並不真確？

每天要喝八大杯水這件事是對的嗎？

遇到火災時該用濕毛巾蒙著臉趴在地上逃生這樣做是對的嗎？

跟一個人講話對方眼神游移不定就代表對方是嫌疑犯嗎？

重點還是要強調，你必須學著讓自己動腦，就算一件正確的事情最好也經過你自己的判斷來下決定，而不是被眾口鑠金的結論所誤導。

提供一個訓練自己做判斷的方式，就是出國，脫離舊有熟悉的場域。一方面看到其他文化呈現的生活模式跟我們不一樣的地方，才足以對比出自己成長的環境的差異。二方面當處在資源短缺的環境，就會逼迫出潛能，原本以為自己甚麼都不會，被丟在異國的生活環境，你很快地就會讓自己改變，學習去適應新的環境。

這就是我鼓勵年輕人跳脫舒適圈，去經歷多樣文化的理由。

猶記得小學求學時，通常會唸到一段話，來自國父孫中山先生：「我們從小要立志做大事，不要立志做大官！」，時至今日，或許我的「世說新語」建議應該改成：「要做大事之前，可能要先做大官」吧！?

LESSON 5　世事洞明皆學問

有一個行業很特別，感覺上充滿了智慧，人人都是哲學家。

這個行業就是物業管理人員，也就是你我每天都會接觸到的社區保全人員，或物業管理員。

為什麼是哲學家？因為他們常常會問你三個人生大哉問：

——你是誰？

——從哪裡來？

——要往哪去？

人生的名言：「讀萬卷書不如行萬里路，行萬里路不如有仙人指路」。這仙人包括職場前輩、包含有智慧長者、包含人生不同階段的貴人。有了仙人指路可以讓年輕人做事達到事半功倍效果。

其實我自己雖然擔任企業負責人，也參與不同產業的運營指導，但我希望對年輕人而言，或許可以扮演一個「仙人指路」角色。

經常演講的我，也希望以自己曾經雲遊四海的豐富人生經歷，給予大家一個思考的選項，協助年輕人了解人生的三大哲學問題。

認清自己是誰、找回自己的初衷，以及堅定地朝自己的

目標前進。

◎ 海闊天空，你是不一樣的煙火

當我們初到一個全新的場域，好比說我們剛轉學到一間新的學校，或者剛加入一個工作團隊。我們需要一個評量自己成就的基準，這時候需要跟人比較，例如知道誰是班上成績最好的學生，以及誰是公司裡的業務 No 1。

但這只是一個參考基準，我認為真正人生的戰場，永遠是今天的你跟昨天的你做比較，這也是我教育女兒的方式，因為我從不過問他們的成績或名次，我只關心他們是否快樂的學習，是否比自己上次更進步。

當我們問自己是誰？前提就是知道自己跟別人是不一樣的，我們不需要整天跟別人攀比，這樣一路比下來你可以怎樣？自欺欺人還是自尋煩惱？

其實人生三大問題，人們往往連「自己是誰」都感到困惑，就是因為就是愛攀比的結果，到頭來連自己是誰都搞不清楚。你看嬰兒是最快樂的，因為他的世界只有自己，他光看著自己的腳丫丫就可以咯咯笑不停，真的是「知足」長樂，但為何長大後就不快樂了呢？因為在學習成長的過程中，也逐步「拋棄自己」。台灣早期盛行的填鴨式教育，父母常逼著孩子放棄那些「無用」的興趣，甚麼球類、樂器、畫畫等等，這些課外活動在考試面前全部都要放棄，所以小孩從小就逐漸失去自己。

但即使到現代，人們還是經常被外界影響，以至於逐步失去自己。覺得自己不行，覺得很自卑，因為別人都開名車住豪宅，總覺得自己很窩囊，因為旁人都可以去關島度假，然後整天打卡，po 炫耀文。

　　可是出國度假有甚麼好炫耀的？如果他可以坐下來跟你好好聊聊關島的過往，述說二戰時期美軍如何從日軍手中奪回關島的歷史，那才值得令人佩服吧？即使如此，也並不需要自卑。因為每個人有自己的人生旅程要走，別人之於你的榮華富貴，完全跟你的人生沒有關係。

　　有句成語叫做「樂天知命」，其實我認為現代的「世說新語」應該修正為「知命樂天」，你要知命才真正找到快樂，這「知命」就是認識自己：

　　・你的人生志業是甚麼？請記住不是師長賦予你的，是你自己想要做的志業是甚麼？

　　・你的專長是甚麼？比較起來你做哪件事會比別人有效率？並且你也喜歡這件事。

　　・最能讓自己快樂的事是甚麼？你最希望擁有甚麼？你願意付出自己的一切去交換的珍寶是甚麼？

　　・你最喜歡自己的哪一點？你的優點是甚麼？你的特色是甚麼？你該怎樣形容你自己？

　　這不是考試，不用作弊偷看別人的答案。但你真的要去捫心自問，若生命有限，時間寶貴，為什麼老愛花時間去做那些跟你自己成長無關的事？

每次我跟我女兒討論事情，或有機會跟年輕人分享，其實不論對方有甚麼困惑，最終總脫離不了這三大哲學大哉問。

　　雖說：一命、二運、三風水、四修德、五讀書，然而我認為人生的過程有天生的命運安排，更多的是自己的抉擇，但重點是永遠不要失去自己。我算是含著半個銀湯匙出生的吧！因為小時候父親經營著自己的公司，但到了我少年時代家道就中落了，這是我的命，也從不需要怪任何人，或依靠任何人。很幸運的遇到生命中很多的貴人，雖然沒能出國深造，但後來竟可以周遊列國，在世界各地開疆拓土。不敢說自己很有成就，但在航空、旅館及旅遊等產業的經營管理上，或多或少，也有留下一些值得懷念的成績。

　　每當夜深人靜、午夜夢迴之際，我總是心存感恩，沒有顯赫的家世背景，也沒能如同富二代般，一開始就站在巨人肩膀上，但人生中總會出現不同的貴人，例如：我有幸加入長榮航空，那十七年的歲月完全打通我的任督二脈，感謝老天爺給我這樣的機會加入這樣的事業體，也終身感恩感謝以前的大老闆張榮發先生，讓我有機會造訪世界各國。

　　這是我的人生，你也有你的人生，你無需羨慕或跟隨我，因為你的能力與個性跟我截然不同，假定你也有機會加入長榮集團，你後來的發展也絕對跟我的版本不一樣，人生並沒有好壞與對錯之分，有的就只是多元與不同。

　　重點是你有沒有掌握好你自己的版本，並且努力寫下你

無怨無悔的人生。

◎ 日本職場生態之我觀

在西方人眼中，經常分不清中國人、日本人、韓國人的長相差別，反正都是黑頭髮、黃皮膚，個子偏小卻又有著愛拼命的鬥志，不論三觀大都與西方人不同。

那就先來聊聊理論上應該跟我們「很像」的日本人吧！

我曾銜命赴日本開拓市場，當年我和星宇航空創辦人，就是張榮發總裁的公子張國煒先生，也算是共同打拼的夥伴。在日本也真正見證到日本人和台灣人雖然有很多相似的地方，但骨子裡性格完全不一樣。

初到日本還沒那麼瞭解日本職場文化，記得有一次，有位張國煒先生在三菱商事的友人，在東京接待我們。印象中他個子小小的，外表長相與一般的傳統的日本上班族並無二致，談話幽默風趣，但卻對事情有自己獨到的見解。他招待我們去新橋地區的敘敘苑（Jo Jo En）的燒肉餐廳，因為他已經事先知道這家連鎖燒肉餐廳是張先生非常喜歡的，這也是我個人強力推薦去日本的必敗餐廳。

在日本社交場合晚餐的聚會，通常分為二階段，第一階段正式用餐，由於是招待客戶通常不談公事，而是天南地北閒聊，餐會結束後，後面再續攤，就是所謂的二次會，由於前面階段已經比較交心了，後面就可以比較進入交易的重點。

在古書中所提到的酒過三巡，在日本還真的有三輪的喝酒模式。一開始先喝的是啤酒，算是正式用餐前的漱口，我本身其實不愛喝啤酒，但日本的生啤酒還真是別有滋味，尤其是第一杯啤酒，搭配著小菜，頗有開胃的效果。

第二輪喝的是燒酒，以我個人的感覺，那味道太辛辣了，其實就像是台灣的米酒，日本人會在酒中放顆大梅子，有些人會加些熱水，邊喝邊用筷子把梅子戳開，這樣酒就會比較甜，否則原本酒味太濃也沒啥味道，純粹就是一股酒勁，被稱為是男人的酒。

第三輪登場的就是清酒，日本清酒有分成不同等級，此外每年都還會舉辦清酒品牌排行榜，我將比較有名的簡稱為七、八、九（七福神、八海山，久保田）是我個人認為比較好喝的日本清酒。其中久保田的清酒還有千壽及萬壽等級的區別。近年來比較流行喝吟釀，或是講究純米精度的大吟釀，例如 2021 年前三名分別是十四代、信州龜齡、花陽浴。

猶記得那次的聚會，到酒酣耳熱、杯觥交錯時，已經是晚間九點多，只是單純的朋友聚會，並沒有二次會的安排。散會時，禮貌性地問對方府上哪裡？令我們訝異的，他回答說並沒有要回家，接著要趕回公司繼續加班。因為剛進公司才三年，要學習的事情很多，因此以公司為家，聽完之後，讓我不覺得汗顏，也不禁由衷佩服他們的工作精神！

在日工作約莫兩年，期間我也真正感受日本人的職場文化；回想當時派駐歐洲時，我是很少加班的，歐洲本地的員工也通常都準時下班，但後來派駐日本，入境隨俗，我和員

工一樣，每天工作至少十二小時以上。

在日本，晚上加班是普遍的常態，那天那位年輕人回公司繼續打拼，其實如果來得及的話，是可以趕末班地鐵回家；但更多時候如果來不及趕車，工作到凌晨後就直接睡在公司。這也算是日本版的辛蒂芮拉，也就是灰姑娘，必須每天趕在午夜十二點末班地鐵回家。日本則是有許多的灰王子，沒趕上十二點的車，就只剩兩條路可以走，一是找個膠囊旅館過夜，二是直接回公司睡。

其實日本對員工的福利已經算很好，在那個年代還是所謂的終身雇用制，員工保障薪水十四個月，但公司給你保障就是要換取員工一輩子的忠誠，誠心誠意為公司賣命。由於東京都房租昂貴，大多數的員工都住在偏遠的郊區，幸賴公司會提供全額交通費補助，若因工作上所需，公司也會跟計程車公司簽約。員工可使用計程車券搭車，這對加班夜歸的女性員工或是在外應酬的高級主管，比較沒有安全上的顧慮。不過通常福利也跟等級有關，像當天招待我們的那位年輕人算是到任不滿三年的新人，應該是無法配發計程車券的。

不滿三年，就是所謂的三年級生，在日本職場學長學制是很分明的，畢竟終身雇用，年資是相當重要的，除非本身能力真的很強獲得快速擢升，否則一般都是按部就班步步高升，課長是最基層的主管，也是全公司最辛苦的人，幾乎天天加班到深夜，而所屬的課員絕大多數也不敢太早離開。

日本企業內的座位分配也通常是有學問的，通常在一個

方形大空間，周邊的獨立房間包括會議室以及高階主管辦公室，中間則是井然有序的一長條一長條座位，位於領頭的是課長，然後離課長座位最近的是他的左右手，之後依資歷及能力位置離課長越來越遠，最後有所謂的「窗邊族」，也就是台灣人常說的「發配邊疆」，坐這裡的人通常都是績效較差，但礙於年資公司又不會開除的人，於是就遠離核心，不受重用地撐到退休，因為在制度分明的日本職場上，那就是無異就是被宣告無期徒刑的位置。

有時想來真是可怕，當日本人那麼拚，而台灣卻還一直陷於政黨惡鬥的虛耗。我常說，別以為自己很聰明，這世界上永遠會有比你聰明的人；別以為自己已經很努力了，因為永遠會有人比你更認真。但是，最可怕就是，當你因小小成就志得意滿時，卻不知道有很多比你更聰明的人，比你更努力！

只有當你有機會拓展視野時，才能有更多元的觀點來看世界，同時也看看你自己。

在此也非常感謝駐日期間，前長榮集團日本總代表張正文先生的關懷與照顧。還有我在日本的友人中野京子，福井夫婦，張家豪先生，Kate san，Alaie san，Akiyama san、Kakiyama san、Kitamura san，吳光揚先生等人的關照，在此一併致謝。

LESSON 6 那年的我，在那年的北京

我認為，讀萬卷書也要行萬里路，這二者相輔相成，非常重要。

達摩祖師有云：「不謀其前，不慮其後，不戀當今。行也安然，坐也安然，窮也安然，富也安然。寵辱不驚，看庭前花開花落；去留無意，望天空雲捲雲舒。」

這樣的境界，源自於內心的深刻體悟，是達摩面壁九年參透的智慧，但如果當初達摩甚麼事都不做，不去體驗人生，不去認識不同人們的思維，那再怎樣面壁十年二十年，也不一定有結果。達摩祖師見聞廣博，他來自遙遠的天竺，不僅行路千里，經過絲路諸多古國來到中原，一生在中國走過的地方也比那時代的絕大部分中國人多，真的是行萬里路；同時他博覽群書，還編譯出很重要的佛教經典，傳承後世，真正做到讀萬卷書。

今天我們許多從事創意工作的人，或想要在商場或各行各業大展鴻圖的人，空有理想抱負，但腹笥甚窘，以為單靠空口說大話，或整天與酒肉朋友言不及義就可以闖出一片天，就算真的有機會賺到錢，少了對生命的體悟，犧牲了寶貴的青春，著實也是很可惜的事。

◎ 一座可以觸摸到歷史的城市

行萬里路，曾經駐訪幾十個國家的我，自然也要提提在中國的經歷，所謂「地大物博」，孕育出兩岸華人共同祖先的這塊土地，幅員廣達超過 960 萬平方公里，我想就算窮其一生，也沒有多少人有辦法真正走遍中國的每個城市。我在長榮航空時期，先後派駐北京跟廣州，日後自己創業也經常往來中國，因為曾經長期住在北方跟南方的不同城市，也因此萌發許多不同的感觸及人生的啟發。

在學生時代的我，就非常喜歡研習地理歷史等學科。此外，本身也算小有文學底蘊，每當因緣聚會遍訪大陸各大城市，或親臨兒時書本所描繪的風景名勝時，總有著江山如此多嬌，引無數英雄盡折腰的喟然與感動。

2002 年我從日本東京調派中國北京，做為後續擔任華南地區總經理的前置培訓階段，半年時間都需要在北京生活。直到今天我印象中最喜歡的中國城市還是北京。

提起北京，相信一般人多多少少聽過故宮以及長城，另外如果有人愛追劇可能看了許多清宮穿越劇也會對北京城有些概念。比起全然的走馬看花，至少懷著這樣的基礎認識，若來北京觀光心中會有點不同的感覺。但這依然是比較表象層面的概念，然而若過往對中國歷史有更深入的研讀，知道相關文學詩詞典故以及歷史人事時地物，那樣子的情況下來此古城，就會感觸完全不同。

剛到北京，它給我的第一印象就是大器，無論是建築物，空間感，城市的街廓就是寬廣。剛到北京，公司坐落的位置香港首富李嘉誠所建構的東方廣場，位於北京的一環，也就是北京最熱鬧的地方。打開窗往外看下去就是王府井大街，看到古色古香的老街，心中就浮現許多古典文學甚至電視劇的場景。王府井，名字有個井字，也的確有口井，並且追溯源頭早在元代就已經有了，在遼、金時代，王府井只是個小村落，後來忽必烈定都北京，這裡竟然熱鬧了起來，如今這裡是亞洲知名的商業鬧區，是許多老字號商家的發源地。

另一個讓我很有感觸的地點就是協和醫院，其位置正好就位在我每天從辦公室走回我暫住的台灣飯店中途必經之地，看外觀協和醫院不像現代化的醫院，而是具有傳統中國古風的建築，而其最早創辦者竟然是美國洛克斐勒基金會。提起協和醫院，關心中國近代史的朋友，應該會聯想到一個響噹噹的大人物，那就是國父孫中山先生，民國十四年，孫先生因肝癌病逝於此，包含近代思想家梁啟超先生，以及清朝末代皇帝溥儀，也都是在這裡結束他們人生最後旅程。可以說看到協和醫院就感受到一個時代的結束。

想到一百年前，那是怎樣動盪的時代？那醫學不發達，通訊不便利的年代，卻有許多英雄豪傑們前仆後繼，拋頭顱、灑熱血，想要創造新時代，想要改革數千年的陋習。如今，如果人們提起國父高喊的「和平、奮鬥、救中國」的口號，可能會有時代違和感，但如果試著想像自己身處在那個

時代，一個在中西文化衝擊，世道價值觀混亂的年代，要能提出一個足以號召億萬人的理想願景，並且在清廷通緝下，冒著生命危險四處奔走，那是多麼艱困的任務啊？

國父孫中山先生所勾勒的三民主義藍圖，在當年的時空背景下，老百姓可是絕大部分完全不懂這些詞語意思的，就好像想要攀登一座大山卻前路充滿荊棘危巖，且手邊沒有足夠的登山器具，真的要具備一往無前的勇氣，才能成為一個劃時代的革命領袖。

每次經過協和醫院，內心是百感交集的，我跟國父一樣都算雲遊四海，但我背後有一整個集團做後盾，出門在外搭乘的是科技現代化的交通工具，而當年國父是怎樣四海奔波募資？想想就很感動與敬佩，如今哲人典型已遠。在現代年輕人中，我已鮮少見到那種具備做大事業心胸氣魄的人。

但我還是鼓勵年輕人在成長歲月的過程中，有機會要多走走，如果是出國，不要只抱著打卡拍照的心態，要試著更深入些，而這就有賴多閱讀，當你看到一個場景可以對照讀過的一首古詩，或者看到一棟建築知曉背後的歷史，那樣的遊歷，真的會很不一樣。

現代人出國有很多種形式，可能是去觀光，可能是去短期遊學，可能一兩年的留學，或者更久的就是公司外派，我的情況就是如此，而更長期的就是移民了。是否有機會長期去海外，那可能跟你的職涯際遇有關，但如何讓每次出國或長途旅行比較有內涵，感受更深刻，那就有賴你過往持續不懈的自我知識經驗累積與提昇。

◎ 大時代中的小人生

雖然在北京只待了短短半年，但至今依然印象深刻。還記得每天早上出門，大口呼吸著冬日冷冽空氣，那種沁心涼讓人完全清醒的感覺，也喚起我之前在冰天雪地的維也納的生活記憶，用心去品味人生，在不同的回憶交互輝映下，真的是別有一番滋味在心頭。相較之下，北京的空氣當然不似維也納清新，不過後來北京霧霾影響到生活，已是好幾年後的事了。

派駐北京時，已近深秋的季節，我喜歡徒步去辦公室，可以順道欣賞綴滿美麗銀杏的整個街區，也令我聯想到在日本東京皇宮內苑有著相似的景致，那種蕭瑟帶點淒涼之美，踽踽獨行在這百年的街衢間，不盡有種「念天地之悠悠」的愴然。

走在北京城，當然要去瞭解胡同文化，有許多胡同是沒有人帶領，還不敢一個人走進。那年代也沒有 Google Map，很容易就迷路了。胡同裡古意盎然，彷彿走進了時光隧道，偶然望見，老人身著冬日厚重的棉襖，靜坐在門口的青石階上，看著我這個不速之客，那蒼老又深邃的眼神，剎那間忽然讓人忘了身處哪個時空，哪個年代。

記憶中，北京的冬夜有著刻骨銘心的冷，而這時候最好的取暖方式就是大碗喝酒大口吃肉，北方人大多愛喝白酒，其中的紅星二鍋頭更是堪稱市井小民的最愛，小小綠色的瓶

子，一瓶只要兩塊錢人民幣，不可不謂是物美價廉。

　　我原本就不勝酒力，但在眾人盛情吆喝中，也就一飲而盡，心中湧起的畫面是金庸《天龍八部》裡喬峰豪邁喝酒的那種瀟灑，瞬間強烈的辣勁湧了上來，就好像是吃到芥末，酒氣直衝腦門，真的是夠嗆辣！也能感受到所謂的北方人的豪氣。

　　來北京當然不是來觀光旅遊的，而是肩負著親善的使命。那是2002年，陳水扁總統的執政時期，兩岸關係非常低迷。更且當時在競選期間，一張陳總統和長榮集團總裁張榮發先生合照，從此長榮就被貼上綠色標籤，而我們這些在底下工作的人，處境真的是異常尷尬，雖說政商分離，但實際上是不可能完全做到的。當時台商在大陸的處境就好比本書出版的2021和2022年期間台商也是有同樣困擾。說起來，普羅大眾都只是想好好的過日子，真正熱衷參與政治的不多，但實際上，依然每個人都無法擺脫被政治人物影響的無奈。

　　特別是對身在第一線的台商而言，真是感觸良多，覺得不論是哪個政黨，意識形態治國的結果，其實遭殃的是無辜的百姓。我那時在北京就真的明顯感到，在長榮服務的我，就有點像瘟神，許多單位對我們敬而遠之，當然檯面上沒有公開的抵制，還好至少有像國台辦這樣的單位還是會協助我們。所以我當時北京的老闆周寶裕先生就有句名言：「逢廟必拜！」那年到處奔波拜訪，結識了很多朋友，也算是無心

插柳的結果吧！

那時人在中國的我，也經常思考有關兩岸的問題。說真的，過往可能覺得這種國家大事跟自己沒直接相干，可是當你每天醒來，排滿一整天行程，一半要面對中國在地人，一半要面對台灣台商，然後雙方很多定位都還模糊不清時，也真的很為難。會想到那些吶喊某種口號的政治人物，真的關心我們普羅大眾嗎？行文至此，國際局勢又已跟當年有很大不同，2021 年八月發生在阿富汗的美軍撤退及塔利班奪回總統府事件，我們可以看到，當發生戰爭動亂，那個原本該領導人民的總統卻自己帶著財產逃去海外，留下來受苦的依然是可憐的老百姓。

其實我在北京辦公室服務時間是 2002 年底到 2003 年初，是距今約二十年前的事了，但以古觀今，似乎時間定格了二十年，個人對時代的感慨，至今依然沒變，世事也依舊紛紛擾擾。

正所謂樹欲靜而風不止，只希望每個人站在自己的崗位上，盡己所能，做著無愧於心的工作與付出吧。

當時在北京那樣的大環境下已經很艱難了，但接著我還面臨另一個大挑戰，2003 年我正式調任廣州代表，負責整個華南地區，卻恰逢一個事件來襲，那就是當年的 SARS 風暴。

LESSON 7 山雨欲來風滿樓

　　在本書出版的這年，全球邁入新冠肺炎疫情危機已經來到第三年，因疫情而離世的人已經正式突破628萬人，隨著變種病毒又掀起感染潮，死亡人數持續增加中。

　　而這樣的疫情帶來的恐慌感，對我們亞洲人來說，不是首次經驗，就在十八年前，2003 年 SARS 來襲，當時也是百姓驚慌失措。影響的主要地區是中國香港台灣，當年台灣有八十多人因 SARS 感染過世。

　　雖然 SARS 和現在的新冠肺炎相比，可謂是小巫見大巫，但人命關天，當時也是人心惶惶，恐慌遍野。

　　而彼時的我，銜命前往廣州赴任，而我派任的地點，正是當時 SARS 的發源地廣東省。

◎ 食在廣東

　　在北京歷練半年後，正式調派廣州。出發前就已經知道有個不可小覷的病毒正在肆虐，所以在赴任時就戴上口罩。結果沒戴幾天就被迫要拿下來，因為那時候全廣州城，除了我，應該沒什麼人戴口罩，這也可見當時的社會封閉，就算有人聽聞 SARS 名頭，也覺得那沒甚麼大不了的，所謂「馬照跑，舞照跳」，有很多人看到我戴口罩還挺不以為然，還酸酸地說「那麼怕死，就不要來這裡賺錢」。人在屋簷下不

得不低頭，我也就跟著大家一起不戴口罩，直到後來的幾個月，有很多人染疫身故，大家才意識到問題的嚴重性。

剛到廣州，不像在北京主要的工作是熟悉中國市場，現在我可要獨當一面負責整個華南地區，雖然實際上也不是直接跟銷售業績有關，純粹是提供台商服務。當時兩岸沒有直航，長榮航班就只到澳門或香港，旅客走陸路或搭船去廣州、深圳等地，而我們的任務，就是服務在地台商，協助客人航班確認、更改機票，後來也搭配大客戶的公司里程累計專案和長榮航空優惠機票等等。

記得辦公室坐落位在廣州天河北路體育廣場對面，保利集團所興建的大樓，當時是廣州最高樓，樓高 98 層。我們辦公室位於第五十四層，共有七個員工，我們在廣州打拼了大約半年，就因為疫情情況不妙，先是轉進到香港，後來更是撤回台灣，直到後來世界衛生組織正式宣布 SARS 絕跡了，我才又重新去廣州赴任。

古語有云：吃在廣州，死在柳州。談起吃喝，沒錯，廣州就是個美食之都。

雖然號稱美食天堂，但其中還是有很多我看了根本無福消受的所謂「山珍海味」。在 SARS 疫情變嚴峻前，因工作需要，每天的應酬是無可避免的。提起中國八大菜系，在粵菜中，最有名的就是屬廣東順德，被譽為全民皆廚。我一到廣州報到，三天兩頭就被旅行社老闆約去吃野味，以及人稱「打邊爐」的廣式火鍋。印象深刻的一次，旅行社老闆帶我

去山上，一家路程很遠的餐廳，雖位處偏遠，停車後下來一看，那裡卻是人山人海，老闆問我有沒有特別想吃甚麼？我說就吃油雞吧！那老闆不屑地搖搖頭，吃甚麼油雞啊？大老遠來這當然要吃點特別的，要不要吃吃白鷺鷥？或穿山甲之類的野味？

沒想到那位老闆還真就點了這道菜，當下我還真的無法入境隨俗。甚至還有其他桌的客人點食蟻獸、鱷魚肉、老虎肉等等，真的就是如同人家形容廣東人「只要是四隻腳的，除了桌子以外什麼都吃」，更有趣的是，看似有些野蠻粗獷的飲食，但名字卻無一例外都取得很有學問，讓人覺得吃飯像是一個帝王級饗宴。甚麼龍鳳湯，原來就是蛇肉加雞肉，另有道菜叫做龍虎鬥，這個龍依然是指蛇肉，但虎是甚麼？竟然是貓肉，我看到實在一點胃口都沒有。

記得有次去一家位在珠江南岸的餐廳，客戶問我想吃甚麼？我還是選擇油雞、燒臘之類的食物，但對方覺得太過平常，建議我不要老是吃甚麼油雞或白切雞之類的，要不然就來個白切狗吧！我當時有點聽不懂，白切狗？結果對方就指指門外，吊在鉤子上的那隻，害得我差點沒有當場吐出來。

不過除了那些真的很奇怪的野味，在廣州前後兩年時間，也真的讓我品嚐到難以忘懷的美味。例如在肇慶吃到一道清遠雞，小小的一隻雞，完食後口齒留香。餐後再搭配沙田橘，是一種很小的橘子（後來有引進台灣），鮮甜多汁。那時為了拜訪客戶，和同仁一起幾乎跑遍廣東省的所有鄉鎮，印象中排名第一的是一道美食叫海馬蒸雞，是用中藥材

海馬和整隻雞起蒸煮，好吃到在不知不覺啃完整隻雞，但實在意猶未盡，所以又再吃一隻，之後我每次去都會點第二隻雞，各位讀者應該很難想像吧！

另位還有大家熟捻的廣東粥，原本廣東的粥品就跟台灣的清粥做法不同，而在台灣我們常吃的那種廣東粥，可能是經過改良了，不全然那麼道地廣東做法。在廣東所吃到的是那種把米粒磨到粉末狀再和海鮮、黃鱔或其他食材一起蒸煮。這其中，最難忘的就是潮汕著名的沙公粥，由整隻沙公下鍋燉煮，綿密的粥品吸附了螃蟹飽滿鮮美的湯汁，在砂鍋的烹煮下，更顯人間美味。讓我想起駐英期間，中國城的餐廳有道龍蝦麵底的必點名菜，將英國北海龍蝦搭配薑蔥一起蒸煮，龍蝦的湯汁充分浸潤了酥脆的廣東意麵，讓所有造訪的親朋好友都讚不絕口。此外，在佛山我雖沒看到黃飛鴻的無影腳，倒是吃到頂級美味，被當地人稱做是「寧吃天上一兩，勝過地上一斤」的荷葉雀，這道美食每年只有限定季節才有，當時恰好有機會躬逢其盛，實在是令人吮指回味。

但美食歸美食，疫情的倏忽而至讓我結束了在廣東的「饕餮歲月」，不久之後我就暫時轉進到香港。

◎ 那段不可磨滅的歲月

本書撰寫的時候，台灣剛走出長達半年的新冠肺炎疫情三級警戒，旅遊及餐飲產業哀鴻遍野，而這時候我的身分之

一，則是台北城大飯店董事長，這是台灣第一家古蹟大飯店，不過在疫情期間，被徵調作為防疫旅館。在台灣人們每天出門在外都是遮著半邊臉，這樣的生活習慣也已經維持將近兩年了，戴口罩的確或多或少阻隔了人與人間的距離，但不那麼影響人們互動，時間回溯到更前一年，在疫情初爆發且狀況不明時候，是有所謂疫情歧視的，就是說來自疫區周邊的人會被視為瘟神，大家避之唯恐不及。

這讓我想起十八年前那段我從香港回台北被隔離的經歷。

2003 年我本被派任廣州代表，負責長榮華南地區所有業務，那時 SARS 剛爆發，初始大家都不覺有甚麼嚴重，直到後來越來越多人死亡，人們也開始覺得大勢不妙。因此，只好將華南辦公室暫時撤離到香港分公司。

長榮香港分公司恰巧位在天星碼頭附近，和微軟香港分公司位處同一棟大樓，公司對面就是著名的東方文華酒店。在當年除了 SARS 危機外，另一件列為頭條新聞的大事，就發生在我們公司附近。那天是四月一日下午我搭乘同事的車回宿舍，晚上看新聞才知道，就在當天下午五點三十七分左右，那時我搭乘的車子恰巧剛離開，影星張國榮從東方文華酒店跳樓，一代巨星就此殞落。

在香港期間有三個月的時間都住在飯店，剛開始住東方文華，後來因為實在太貴，改住北角城市花園酒店，那裡原有四百多個房間，最初時候每天用餐時間，住客進出川流不息，接著在很短的時間內，每天用餐的剩下幾十個人，再後

來就只剩零星幾人，被集中到同一層樓。早餐也由 buffet 形式變成 a la carte 單點的形式，每天師傅都按我們的需求直接現場準備，而後來跟飯店櫃台人員也都混得很熟，因為住客大都已逃離香港，僅剩碩果僅存的幾位房客。

疫情此時已經相當嚴峻，但我們仍堅守崗位，每天到辦公室上班。此時，整個香港已經人人自危，搭乘地鐵時，旁邊只要有人咳嗽，瞬間以咳嗽者為圓心，就會自動擴散出一個小小的圓，周邊的人無不擔心受怕，唯恐因此而被傳染。

香港雖是地狹人稠的彈丸之地，當時卻擁有 680 萬人口，居住環境以及工作壓力都很大。每到上下班時間地鐵都擠爆了，與東京的地鐵相比，真是有過之而無不及，因為疫情的肆虐，害怕跟人接觸，卻偏偏又必須摩肩擦踵的擠在一起，整個社會環境的氛圍，充斥著痛苦、恐懼與無奈。

之後，因飯店成本著實太高，只好寄居在公司位於太古城的宿舍與其他同事住，那是一個兩房格局的小屋，有如蝸居一般。如果說台北居、大不易，那您在香港一定會有更深刻的體認，香港最有名的深水埗所謂的劏房：廚房、臥室、客廳三合一，通常面積通常 ≤ 8 ㎡，一家四口住在這樣的空間裡比比皆是，還有所謂的棺材房，以及加蓋在天台的籠屋等等，一般人大概只有在早期香港電影中，才有緣目睹如此的場景。太古城的蝸居算是中上的社區，印象中大樓中有個天井，住家與住家間距離近到每天都可清楚聞到隔壁今晚的菜色是什麼，有時甚至透過天井望過去也可以把對面人家的客廳看得一清二楚，但自始自終隔壁的鄰居卻從未謀面，正

是雞犬相聞、老死不相往來的最佳寫照。

　　原本在香港時是屬於待命性質，後來轉為協助有關貨運的相關工作，也算是一種歸零學習，經常往來本島以及機場旁的東涌，駐港期間，由於內地經驗較為豐富，跟台商也比較熟稔；主要是協助與內地廠商簽約，將他們的貨透過長榮航班轉運送到美國。

　　後來由於 SARS 疫情真的在香港擴散得相當嚴重，總公司終於決定把我們調回台灣。返台的航班上，就只有我一個旅客，抵台灣後就必須接受隔離。當時不像現代新冠肺炎疫情有嚴密的檢疫流程，還有防疫旅館等等。我算是居家隔離的先驅之一，初始媽媽還反對我回家隔離，還說為大家好，要我去桃園機場檢疫所隔離！為此還產生了小口角，後來母親也覺得自己反應過度，於是我就居家隔離，還好我家客廳還算大，我的房間跟母親的房間也相距好幾公尺。在隔離十四天中，每天就進行生活非常頹廢的養豬計畫。

　　到後來我才了解當初媽媽為何那樣緊張？還有她為什麼會說為了「大家好」？

　　我一隔離出來，去到外頭就感受到那種人人如臨大敵，緊張兮兮的氛圍。

　　猶記得，那天我隔離屆滿，就想要先去剪個頭髮，由於都是認識多年的老鄰居，也算熟客。在剪髮的過程中，師傅跟我聊天，他提醒說，李先生啊！你要小心，最近有個危險人物剛從大陸疫區回來，若被傳染就可能沒命了。他一邊講一邊從鏡子看我，突然間他眼睛睜大，忽然想到甚麼，然後

驚恐地指著我，難道…（他已經嚇到說不出話來）……我只好老實說，是的，那個剛從大陸回來的就是我。

毫不誇張地說，當時師傅就像被電到一般，整個往後跳走。

我其實還需要洗頭的，也就洗不成了，師傅說不收我的錢，也不為我服務了，一心想著將我趕緊送走。

晚上去買便當，也都是認識許久的鄰居，老闆娘看到我就笑語盈盈地說，李先生啊好久不見了，最近好嗎？對了，你知道嗎？我們附近有個剛從大陸回來的，因為擔心染疫被隔離了，這件事你聽說了嗎？我當時邊買便當邊不置可否的就嗯嗯嗯……

然後老闆娘繼續碎碎念，那也不知道是誰？要死就在外面死死就好，幹嘛害大家嚇得要死？

我聽了實在很不舒服，就直接跟老闆娘說，其實我就是那個你說「死死就好」的那位啦！已經解除隔離了，並且全程口罩也是戴好戴滿啦！

老闆娘當場楞在那裡，附近幾桌客人也都突然間停止說話，人人被嚇得呆若木雞，後來還是老闆娘開口說，這個便當不用錢，算我請客！（意思是我趕快買好閃越遠越好）

其實我也很無奈，在社區大家見我像是看到鬼，去到公司我也明顯感受到同事們對我也都保持距離，以策安全。

這種尷尬的狀況又持續了一兩個月，才漸漸回復正常生活。在台灣大約待了幾個月，直到確認 SARS 已經消失，我才又銜命回廣州復職，繼續我未完成的任務。

感謝蔡銘芳先生（現任長榮空廚董事長），同事Kevin
莊世雄（現任長榮航空貨運部副總）在我暫駐香港期間的照
顧。

LESSON 8 　我與台商相處的經驗

　　紙上得來終覺淺，絕知此事要躬行。人生的經驗值肯定離不開歲月的積累的，不能全然只靠讀書。例如有人「燒了一口好菜」，結果真正進廚房連鹽跟糖都分不清楚。當然也有人可能是從小就跟長輩學習廚藝，耳濡目染之下，廚藝精湛，煎煮炒炸樣樣精通；然而炒了十幾二十年的菜，卻仍然不知那些食材背後的故事，也不明白鍋鼎間不同食物相互影響的原理，雖然不影響做菜品質，但難免有種「只緣身在此山中，不識廬山真面目」的遺憾。

　　人類窮盡一生的時光，也無法涉獵諸子百家學說，就算衣食無缺可以整天關在圖書館裡皓首窮經，徒有滿肚子的學問，卻對整個世界一點幫助也沒有，那樣的人生，個人認為是沒有太大意義的。建議還是從「做中學、學中做」，透過旅行或是嘗試不同的生活態度，例如原本職位是程式撰寫，也可以主動請纓當個銷售工程師，可以是兼任性質不影響本業的方式。

　　這些年流行的斜槓，我是認同的。因為透過各種技能的學習，不但可以讓自己多幾把刷子，更重要的是，不同技能間可以產生相互加乘的共伴效應，這樣學習速度反倒更快。

　　不須準備好才出門吧，但也別忘了出門前，還是要有做好基礎準備。有機會還是鼓勵多看看這個世界吧！

◎ 廣東走透透拜訪台商

2003-2004 年，經歷過 SARS 風暴後，人類的生活逐漸回到正軌，而我也繼續在第一線衝鋒陷陣。

轄下所負責長榮華南地區的業務，範圍廣大。單單所在的廣東省，面積超過十七萬平方公里，是台灣的四倍大，而人口更高達一億兩千多萬，相較之下，台灣人口約莫就是這個數字的零頭。

整個廣東省有 21 個地級行政區，122 個縣級行政區，若論到鄉級行政區更有 1611 個，就是說就算全年無休每天都拜訪一個鄉，也要四年才跑得完。我在廣東服務台商，兩年期間當然也無法所有鄉鎮走透透，但是所有主要台商駐點工業區肯定都去過，只要有台商開公司的據點也盡量都去拜訪。

那時候我們通常兩人一組，我會事先與公司的同仁聯絡好台商，規劃好行程，可能是上午在辦公室開會，下午出發，有時候順著路線一路拜訪不同城市，在據點附近過夜，更多時候還是一日來回，包括可能當晚跟客戶吃完應酬飯局，已經深夜，依然連夜開回廣州，第二天一早一樣準時上班。我們無法外宿，那樣的話成本太高，當省則省。

一般來說，由同仁（主要是在地人）開車，當時代步車是第一代的 HONDA ODDESY，一缸汽油大概七十公升，可跑大約四五百公里，每次去拜會客戶，一天大約會跑兩缸汽油，往返八九百公里算是稀鬆平常的。

每天風塵僕僕，穿梭在廣東省的各大小鄉鎮拜會台商，介紹長榮航空及貨運有哪些服務，跟廠商簽訂大客戶合約；而台商總是好客的，特別是看到有台灣來的朋友來訪，吃飯宴席是免不了的，也因此每天上山下海的同時，也吃了不同的山珍海味，廣東省是中國著名的美食大省，我們服務台商的同時，也等於上了一堂又一堂的美食課。

那年代，正是大陸沿海經濟起飛，而台灣本土廠商早已紛紛西進駐點設廠，需要拜訪的台商非常多，其中一定要去造訪的，自然是台灣首富郭台銘先生的工廠。

說是廠房，當然不會只是一家工廠，郭台銘董事長的富士康總部，是一整個園區，那園區多大呢？光從大門口要開車到會議室所在的主建物，可能就需要將近半小時。

鴻海富士康總部位在深圳榮華，那天我們與財務部門的高階主管洽簽里程酬賓累計合約，換句話就是搭乘長榮航空的航班，除了給富士康員工優惠機票價格，搭乘的里程數也可以累積，轉換成免費機票。富士康員工超過二十萬人，雖然大部分是在地勞工，但相對的，派駐的台幹自然也不少。

我們之前已經拜會過很多廣東省的工業區，但當來到富士康總部才知道什麼叫做工廠，車來到大門口登記，警衛蠻兇的，非常嚴格要求進廠房後車子時速不准超過五公里。這時開車的司機就抱怨，不超過五公里？這怎麼開啊！我就告訴他，反正你車子啟動後，就不要踩油門，讓引擎自然的運轉，那樣就大約時速五公里，就這樣我們小心謹慎將車開進園區，也準時與對方見面。

那天我們也領教了所謂鴻海式的嚴格管理，那時候大陸正在拚經濟，所以人人都全力以赴，郭董的管理風格令我聯想到德國鐵血宰相俾斯麥，他的名言：「當代的重大政治問題不是用說空話和多數派決議所能決定的，而必須用鐵和血來解決」，也就是不講求民主討論而是完全貫徹領導人的意志，總之上頭一個命令，下頭就是使命必達。而員工也都願意遵守，當時全體二十多萬人就是採取軍事化效率方式來管理，在當時大環境的氛圍下，就像是執行公司的必要之惡，雖然是殘酷，卻是必須的。

　　好比我們那天跟財務部最高主管談完公事，依禮數我們邀請對方一起用餐，應當由我方請客招待，但那位主管搖搖手說還是我邀請你們就在廠房用餐，因為他們不接受廠商招待、而且他工作很忙也不克應酬。那我只好退而求其次，邀請他休假時，來一場私人高爾夫球敘吧？對方也當場婉拒，後來得知，原來當時的富士康有個規定，特別是一定位階以上的主管或幹部，就算休假也必須處在「待命狀態」，就是如同以前服兵役時「在營休假」的概念，照規定若接到緊急通知，不論當時人在那裡，必須一小時內到達指定會議地點，沒能準時與會者，最重的處分就是開除。

　　這樣嚴格管理的模式我們算見識到了，不過也必須說，那天變成我們受邀在廠房內用餐，員工餐點菜色豐富，還真不輸廣東各地的美味。

◎ 台商們的 2004

那些年我們在廣東省服務台商時，雖然兩岸關係緊張，但台商其實在大陸還是很被看重的，一來有商務經驗、二來有管理制度，並且當時大陸很需要由台灣引進的相關觀念和技術。

曾經何時，台商地位早已大不如前，在本書撰寫期間，早已有大批台商返台，且許多算是鎩羽而歸，尤有甚者，有很多經商失利的台商，滯留大陸形成所謂的台流，其前後的反差，實在令人不禁唏噓。而其實早先在 2004 年我拜訪台商時，就已經約略看出端倪了。

那時候在廣東，像富士康這樣大規模的廠房算是少數，大部分來廣東發展的還是中小企業主，他們搭著兩岸貿易趨勢進來賺錢，但趨勢一改變受創最大的也是他們。

早期還算是台商的黃金時期，遍地商機，台商各個口袋都是麥克麥克，出手闊綽。基本上，我每次拜訪台商，亦不能免俗，晚上不只是要參加宴席喝幾杯，並且還得跑第二攤，走走夜總會，不論是卡拉 OK 或酒吧，我們總是得捧個場，去認識新的朋友，每次都以隔天一早要開會必須趕回公司為由，先行離開。不然，真的不知道如何擺脫這些盛情難卻的台商。

初次見識廣東的宴客文化，我還不懂在地風俗（其實是台商帶起的風俗），當客戶約說晚上聚餐，照例就由我們作東安排，由我們負責訂餐廳包廂，算一算，我和同事兩人加

上客戶那邊有三位老闆，總共五個座位，為求舒適，我們還訂了十人的包廂，結果還好有訂大一點包廂，因為對方最後一共來了六位。

後來才知道台商有所謂「帶便當」的說法，也就是，晚上招待台商，不能只算一個人，而是要算兩個人，因為台商一定會攜伴，至於那個伴是誰，我們就不多追問了。

更深入了解也才知道，在這裡的台商，大部分都遠離自己的家人，台海相隔，一方面孤單，一方面也受到其他台商影響，人人在此找伴已經是成為約定俗成的風氣，甚至在鄉下地方已經形成包場概念，就是所謂的「包二奶」，但也不算真正住一起的伴侶，就是指定某某小姐就是「我的」，這樣的概念。更細部的生活方式在此就不探究，總之，我們在廣東招待台商，就是要有乘以二的概念及預算。

而我們也真正見識到這裡真的是夜夜笙歌，由台商所帶起，而在地陸商也隨之跟進，後來改變整個地方的在地文化，越是偏遠的鄉鎮地區，吃飯的時間越早。下午五點半就開始吃飯，而六點半就急著結束離開，因為要趕下一攤「唱歌」，並且要「選妃」，因為晚了，就挑不到了。

有趣的是，當地台商在日積月累的應酬中，逐漸形成一種「集資分攤制度」，匯編成「小組」，每組由不同中小企業老闆組成，人數七到十人，區分誰負責周一誰負責周二……總之，一周七天每天都有人「輪值」，另外還有三人「候補待命」，所謂輪值就是今天假定 A 公司有朋友來訪，晚上用餐大家一起做陪，看今天星期幾，就由那個輪值的人買單，

若輪值的那個人剛好出差不在，就由候補頂替，就是說每晚由誰付錢都已經規定好了。

集資分攤制度的好處是，說好誰付錢了，大家結帳時就不需要再推來推去或演一場很虛假搶付帳的戲碼。另外，一個月若應酬二三十天，一個人只需付四次的錢，經濟上似乎也比較划算。

然而就算一個月只付四次，但一次要付整桌十幾個人的餐費，那費用也著實不低，台商就算有賺錢，也經不起這樣月月燒錢。大陸溫州人集資買房炒樓，台商集資應酬消費，彼此間消長的結果，差距很快地就呈現出來。尤其是 2008 年金融海嘯過後，大陸的中小型台商真的就逐漸的沒落了！

其實我能了解，某些台商這樣紙醉金迷的心態，其實根本看不到未來。甚至很多台商自己也知道未來發展有限，但卻不知如何是好；想回台灣，卻發現時不我予，無顏見江東父老。乾脆就抱著今朝有酒今朝醉的方式過日子，這樣逃避的鴕鳥心態，也是充滿了深層的無奈。

如此糜爛以及消極的台商夜生活，初期台商還風光的時候，尚有好日子可過，等陸企逐漸摸透台商的經營祕訣以及抓住產品關鍵技術，台商的時代就宣告結束了。

這也算是一種難以言喻的時代悲哀，而我就在第一現場每天目睹著這樣的事情不斷重複的發生。日復一日、年復一年……

在此也要謝謝派駐廣州期間，我的得力助手林書鴻先生

（現任長榮航空北京代表）的協助與支持，還有廣州分公司
開創期間的同仁們，

受行識

思維想法篇

LESSON 9 從新人開始做起

　　人的一生中總會遇到轉換場景的時候，雖不必如同電影007裡帥氣的龐德般，上天入地穿梭在不同國度，但至少會碰到好比像是到新學校報到，或者去新公司報到時，必須從零開始，調適新環境的疏離感。

　　不管原本個性再怎麼開放的人，一旦到一個新的場域，初始難免會不知所措，但有句千古不變的真理絕對適用，那就是：「入境隨俗」。

　　When in Rome, do as Romans do！

　　講白點：不會做？先跟著依樣畫葫蘆就對了！等到哪一天你的言行舉止都融入當地的生活，而且沒有違和感時，再回首前塵路，想想當初自己的矬樣，應該會不覺莞爾吧。

　　有兩種習慣是必須避免的，一種是害怕「入境」，也就是根本不去觸碰任何新的事物，以為只要不主動去做任何改變，也就不需要去管甚麼隨不隨俗的，守著原本的安樂窩過日子，祈求老天保佑，舊有生活模式不要被外界改變。

　　另一種是「入境但不隨俗」，好比明明去歐美遊學，結果半年都住在中國人的社區，英文沒長進，反倒只多學會一些香港及大陸的順口溜；或者大老遠去到跨半球另一個美麗的城市參訪，卻只是瘋狂、拍照到此一遊，連相關背景的故事都不知道，這樣不是很可惜嗎？

　　在1991年派駐歐洲後，我逐漸地學習歐洲人的生活方

式，每天出門前都會告訴自己，又是嶄新的一天，要勇敢面對新的挑戰，果真是「每天」都有新的體驗，畢竟對我而言，一切都是從新開始。

◎ 永遠都要學會如何從基層做起

初始，一個二十出頭的年輕人，自然無法被賦予重任，那年我初到奧地利駐點，其實就是從最基層的櫃檯人員幹起。

職業無貴賤，各種工作崗位也自有其一定的價值。重點是在每個工作崗位你是稱職演出，甚至超乎預期的演出？還是你的演出讓大家戰戰兢兢的？主管心想「拜託！你不要再給我出錯了！」。

以長榮這樣類日式企業文化為制度的企業集團，且當初我們赴歐都是身負重任的角度來看，基本上容錯率其實是蠻低的，絕非人們所想像的，反正就按部就班從基層幹起，從課員，升上助理副課長，再升部門主管……跟公務員的晉升一樣。特別是面對一個全新的挑戰，我們要從無到有，開闢出新的航線且要拓展市場，突破華航現有航線的框架，對人員的要求是相當嚴格的。

所以，若我在櫃檯人員的階段就不適任，有可能下個月就有新人來替換你的工作。

相反地，就算是很基層的工作，若是做出令人刮目相看的成績，那才有可能爭取更上一層樓機會。畢竟長榮集團是

國際性的大公司，人才濟濟，長榮航空在 1991 年時還曾經被天下雜誌評選為大學生畢業後最嚮往公司中的第一名。

原本從事服務業，就會遇到各式各樣的客人，其中最常碰到來意不善的，反倒是自己的同胞。雖然人們常說，人不親、土親，在異鄉遇見自家鄉親會更顯親切嗎？可是一旦攸關消費者權益的事情，那就完全不一樣了，加上可能人在異地甚麼都不懂，看到外國人就覺矮人一截，好不容易找到自己同文同種的人可以發洩情緒，當然他們就不客氣了。

在第一線櫃檯的工作，真的見識到太多，外表衣冠楚楚，但講起話來，思想行為卻像是地痞流氓般的人，有貴婦般的女子卻來潑婦罵街。印象中的一次，有旅客來櫃台咆哮、手上還拿著錄音機大聲嚷嚷，「我有在錄音喔！你現在說的每句話將來都會呈堂證供，你說清楚，甚麼叫做機票不能改？小心我告死你喔！」，這樣情緒化的字眼、荒腔走板的行徑，逕自在櫃檯前上演。

其實面對所謂的奧客，我心中並沒有很多波瀾，不只是因為我有責任代表長榮的門面，服務好客戶，也因為我內心裡也試著將心比心：真的很可憐！在人生地不熟的國家，急著想飛回台灣，機票卻出問題，旅客會急躁生氣是可以理解的。

抱持著這種「人饑己饑、人溺己溺」的態度，對方越暴跳如雷，我們越是溫良謙恭的應對。因為，就算想吵架也要有對象啊！一個巴掌是拍不響的，再加上再加上還有外國人在旁圍觀，對方自然是越罵越心虛。

於是，我就不斷地安撫，「這位先生不好意思，讓您遇到這種情況，這也不是我們公司願意樂見的，可能電腦傳輸過程有了差錯，我能了解您現在心情，但是請給我時間來幫你跟台北那邊聯繫。因為有時差，我怕我們再拖延下去，他們可能就下班了，到時候事情會更難解決。是不是給我五到十分鐘，您先在休息一下喝杯咖啡？我會負責幫你這件事處理好，如果沒處理好，你要對我怎樣我都欣然接受。」

一次又一次的化戾氣為祥和，我人際溝通的方法與態度，也受到長官的認可，很快地我就被調任去負責更大的任務。但其實我所處的工作崗位，有需要很專業的技術力或甚麼運籌帷幄的高階掌控力嗎？其實並不然。比較需要的反倒是需要展現主要人格特質：

第一，我願意耐心面對問題；

第二，我願意為了公司大我，不計較個人被辱罵之類的小事；

第三，也是最重要的，不讓目前的情況被卡住，可順利往下一階段進行。

這就是基本的工作態度。

各位職場新人可以想想自己，是否每次碰到問題就推給上級，開口閉口總是「我去請示主管」，如果甚麼事都還需要再找上級，那要你這個人有甚麼意義？

這也是很多人無法職位上升的原因。設法讓事情不要在你這關卡住，讓長官能夠由衷的佩服，有你真好，那就是你

迎向下一個階段的開始。

◎ 戰勝困難其實就是在超越自己

那些在櫃檯的日子，面對第一線消費者，要處理很多問題。並不是單純的坐在那鞠躬哈腰，點頭如搗蒜即可，以為放低身段就可以消弭顧客的火氣，其實重點是事情還是要迅速有效解決的。考驗的就是危機處理的能力。處理不好有兩種情況，一種是就虛耗在那裡，不知所措只好跟長官求救（這種很常見，也是現今許多企業基層人員還是無法晉升的主因），另一種更糟就是直接跟客戶起爭執，甚至對嗆。

一個人放任自己情緒失控，導致自己被別人的情緒牽引，這是最糟的狀況。如果連自己的情緒都不能掌控，還空談甚麼其他人生抱負呢？

因此我鼓勵年輕人趁青春可以多多闖蕩，一方面多增長見聞，一方面也因為有機會見識到各式各樣的人，經歷更多的溝通（包括在海外的雞同鴨講），經歷過不同事件的洗禮，就能越嫻熟地因應各種危機。尷尬的場面也就能迅速迎刃而解，不至於持續地僵在那裡。

隨著我後來職位的轉換，也陸續碰到更多更千奇百怪的狀況，當能面對更高階的挑戰且應付自如時，就代表又有能力晉升到更高的位階。

這就跟人生的道理一樣，你處理問題的能力到哪裡，就對應著你發展的境界可以到哪裡。

之前拜讀前美國總統歐巴馬的傳記，2008 年他剛當選的時候，大環境真的糟得不能再糟，在他尚未正式到任前一個月，就已接獲一個又一個壞消息，那年金融風暴剛爆發旋即連鎖效應震垮全球經濟，美國前二十五大銀行一半面臨破產，股市蒸發 40%，超過兩百萬間房子被迫法拍，失業率創新高，經濟衰退程度直追 1929 年的經濟大蕭條。如果你是總統，你該怎麼辦？並且是新手總統，連自己辦公室都還摸不清楚，也尚未組建營運團隊，卻要扛下全世界經濟崩盤的挑戰，你該怎麼辦？

　　所以每當我們看到身邊有人習慣抱怨，不妨聽聽他抱怨的是甚麼事吧？一個花了半小時怨聲載道老闆怎樣對待員工的人，跟一個思考這兩個月來公司主力產品遭逢哪些進口商品威脅的人，根本隸屬兩個世界的人。更別提那種傳說中的媽寶，或是一天到晚臉書發文說自己運氣多背的人，單看他們面對問題的格局，就可以預見他們這一生會有怎樣發展。

　　三十歲以前我雖不敢誇口說自己經歷過甚麼大風大浪，但在那個年代，我的的確確站在許多關鍵變遷的浪頭上，具體來說，現今國人出國都習慣性的會搭乘長榮航空飛歐美等國，這些航線其實都是在一九九零年代期間逐步拓展出來的。而我經常扮演的就是衝鋒陷陣的尖兵角色。這中間過程，不誇張地說，有些情節都可以寫成小說，精彩度不輸那些諜報電影。

　　長榮航空，名義上是不折不扣的民間企業，但因為台灣的國際地位特殊，所以像我們這樣非官方單位就扮演了影響

力道很大的角色，日常需要折衝協調的對象，不僅僅包括旅遊產業界人士，也包括像外交官及政府相關部門的重要人士。

在維也納的日子，幾乎每個禮拜至少會有一次，清晨四點多就要起床，趕赴機場接待從台灣飛來的重要貴賓，許多大家名字耳熟能詳的政商要員，來歐洲做交流參訪或者業務性質的轉機，我都需要經常扮演第一線接待人員。

如果說這些一言一行都牽涉到國家政經發展的重量級人士的互動都已經成為我的「日常」，那麼後來我有機會承接各種重任，包括臨危授命去挽救經營不善的企業集團，或者在沒有前人經驗參考下，主持一個全新事業，我告訴自己「那就去做吧！」沒甚麼好擔憂緊張的，很多事情自然就見怪不怪了！

LESSON 10 不學文，無以言

　　有種學問，它不像天體運行以及地心引力般，攸關這世界運行的真相，也不像哲學思辯或者宗教經典是在探究生命的真理，那種學問，可能一離開某個族群就完全無用武之地，實際上也並非和生活生存息息相關必要學問。

　　這種學問就是語文。

　　一個人除了母語外其他語言完全不懂，就注定一事無成嗎？其實不然，不靠語文也成功致富的企業家多的是，另外，也有人只會點基礎英文加上比手畫腳，依然可以經營國際性質事業。

　　與其說語文是成就事業的必要技能，不如說語文是拓展自己眼界的渠道。你的語文不佳其實不代表因此你前途無亮，只能說缺少了語文能力，有可能就讓自己被阻隔在通往璀璨世界的門口。也許你依然可以靠本土市場賺錢，你依然可以透過翻譯看國外引進的電影。但人生寶貴，如果可能，何不讓自己多多吸收更開闊的觀念新知？還是永遠要去接受「第二手或第三手訊息」，你以為新聞媒體報導的海外消息是完全正確的嗎？還是只是他們偏頗觀點下被斷章取義的訊息？

　　有機會還是多多精進語文吧！在世界村裡，語言不通其實也蠻辛苦的。

◎ 語文是開啟世界的鑰匙

那年我才是新人就被調派去歐洲，究其主因就是我的語文強項，後來我可以繼續受到委任，承接更多使命，一方面是因為我平日應對進退得宜，不論口才或決斷力都很獲得長官認可，二方面其實還是因為我的語文能力能夠肩負使命。

如果一個人擁有十八般武藝，才華洋溢，技藝一流，但處在國外卻連溝通都處處碰壁，那就算能力再強，也只能徒呼負負。

我不只會講英文，那對我來講只是基本功，我受重用的原因，是因為德文也是我的擅長，在歐陸當先鋒協助公司成立及拓展市場大約兩年，第三年就被派去英國，那裡後來也逐漸成為長榮的歐洲新航線據點。

我是學語文本科系畢業，又在歐洲實際融入在地生活，每天用外文交流，即便如此，我還是不能說自己功力足夠。因為就連去英國，我們過往學習的英文也不一定可以交談順暢，因為在台灣學習的主要是美式英文，但英國本土講的是英式英文（英國人常說他們說的是女王的英文）。

另外，除了語文溝通，還有文化適應的問題。

不妨關注一下當年的時代背景，一九九零年代相對於現代保守許多，不像如今已有地球村概念，當時西方人或多或少仍存在著白種人的優越意識（其實現在還是存在著），在他們眼中根本也不懂如何分辨黃種人，不論是台灣人、日本人、韓國人甚至東南亞人，在他們看來似乎都一個樣。

倒不是他們刻意存壞心眼，因為很多事是長期的文化養成，雖說寶島是個和諧的民族大熔爐，但當我們反求諸己，又有多少人敢說自己在面對菲律賓人或印尼越南來的朋友時，心中沒有一個預設立場的論斷呢？

當時在歐洲，他們看待像我這樣的台灣人，其實也是類似這樣的心態。

而越是這樣的時刻，我們處在海外的時候，就必須更加自立自強。

其實透過多方面的交流真的會提升自己應變的實力，特別是身處海外、磨練的速度更快。例如，以一個不是以歐洲語言當母語的東方人，身處歐洲環境是比較吃虧的，而所遭逢的困難與辛酸，也是可想而知的。那就好比在台灣有群人可能正用台語嘲笑一個外國人，對方就算知道這群人在戲弄他，卻因語言文化不通也無可奈何，正所謂強龍不壓地頭蛇，也只好吃苦當作吃補了！

這裡我要說的，當你真的願意認真入境隨俗，很快讓自己學習力來彌補這個差距，即便你原本處在劣勢，取得的成果也絕對毫不遜色。

我從第一線櫃檯後來轉任營業人員，開始外出拜會旅行社及需要常態出差的造訪企業客戶，日積月累下來，除了奠定我更深的旅遊及航運基礎外，也學會用很快的速度讓自己語言融入對方，包括如何講出很有地方味的俗語，而不是講話一板一眼讓人一聽就知道是外國人。等到有一天我甚至都

可以用英語來表現幽默時，我知道我又有進步了。

　　記得在擔任銷售業務時，經常和我們第一線櫃檯人員有接觸，大家都相處得很愉快，因為我很隨和，並且跟他們之間語言幾乎沒甚麼隔閡。那時有個不顯瘦的蘇格蘭女孩名叫Karen，就很喜歡調侃我，常常故意講些很重的腔調讓我聽不懂，記得有天早上，腦子還沒清醒，就聽到她用那很重的蘇格蘭腔的鄉音跟我打招呼，當下說真的也聽不懂她在講甚麼，好像只聽到她提到 is a lovely day, to die?! 但是卻又不明白，她為何一大早就講詛咒人家死的話？只好隨口應付她說Yes! Yes! 事後才知道她是故意把 It is a lovely day today isn't it? 用蘇格蘭腔發音說出來，果真讓我丈二金剛摸不著頭。

　　那時是夏天，Karen 因不顯瘦，比較容易流汗，且西方人體質關係本就比較有味道的，為此她每天總是噴了加重份量的香水。想想那天我也蠻壞的，隨口就開她一個玩笑（當然也是因為平常我們都很熟開得起玩笑），我故意經過她身邊然後若有所思的說聲，Karen, you smell good！這句話表面上意思是 Karen 你聞起來好香，但我卻刻意用停頓的方式講成，Karen, you smell, ... good，由於 smell 這個字單獨使用有「體味」的意涵，這句話變成「Karen 你聞起來有味道啊！嗯，很好」。

　　當下 Karen 羞得滿臉通紅，而其他同事則都笑到彎腰。後來想想自己這樣的人身攻擊，有點缺德，事後還是跟她道歉，也取得她的原諒！也正因為不打不相識，後來我們就成為好友，下了班我便成為 PUB 聚會的固定分母了。

◎ 戰勝文化歧視的武器是語文能力

要怎樣才可以驗證一個人語言程度已經專精到一個階段？

絕不是靠甚麼 GRE 考高分，或是 Toeic 成績有多高等等，真正的語文力絕對不是紙上談兵，而是必須能接地氣的。

簡而言之，如果你已經可以和在地人講笑話，甚至還可以吵架修理對方了，那基本上，你就算是半個當地人了。

其實，這也是在外地生存的人必須去突破的點，否則人的本性，一個人只要被貼上「非我族類」標籤，那要談事業談合作都難免會被貶低，處於不公平的地位，更遑論發自內心對等的尊重了。

說起來語文這東西正可以凸顯人們的偽善，不管平日號稱品德修養極佳的人，碰到語文隔閡就自然起了「分別心」，老闆找人才可能先看膚色，但後來發現他的英文很流利，於是就對這人改觀。反過來也一樣，外國人到公司應聘也會有這樣的分別心，例如當時像我們這樣「亞洲來的」的企業，要聘僱白種人比較不容易，因為有的白種人覺得要喊亞洲人是老闆，好像怪怪的。有時候也只好找那種非正統白種人，而是移民來的諸如印裔，巴基斯坦裔等等。假設一個虛擬場景，你在台灣工作，而你的老闆是來自第三世界，相信你心裡應該會有很多想法吧？這種種因語文帶來的生活區別，乃至於整個民族被異樣對待的心境，不是一般走馬看花

的觀光客到處拍照打卡就可以感受到的，所以我說如果有機會還是要多了解，用心去看世界。

就我個人而言，也是經過了一兩年時間的淬鍊，才逐漸克服語言文化上的衝擊，但即便如此經常還是得面臨種種白種人的優越感心理作祟，雖不至於到霸凌的地步，畢竟大家都是成熟的大人，但生活中這裡那裡一點點的嘲弄或負面暗示，還是會碰到的。

唯有靠自己的實力，並且是加倍的實力，才能讓別人刮目相看。

可能是老天爺給的天賦，我的語言學習能力，相較於一般人是比較好的，我不只是可以站在第一線服務旅客，從容的應對進退；下了班，也能和同事打成一片，成為無話不談的朋友。在我們歐洲大部分據點，我的同事 90% 都是歐美人，下班後其實就各走各的，不太會繼續跟亞洲人一起。但我算是比較例外的，下班後經常受邀跟他們一起去 PUB 聚會。必須說，初始時，多多少少有點「反正多一個人協助分攤費用」的概念，但到後來就真的是友誼互動，也可以經常打打鬧鬧、互開玩笑。

有一回我們一起去 PUB，當時是冬天，氣溫來到零度左右，但倫敦柯芬園 Coven Garden 的 PUB 卻是擠得人山人海。那時的英國年輕人還是喜歡裝酷，故意站在戶外喝酒，將有 Burberry Logo 的風衣朝外晾在左手上，圍著 Burberry 圍巾，

佇立在寒風中，右手端著 one pint lager，兀自肆無忌憚的高談闊論起來。

　　有個人就拿我當開玩笑的對象，開玩笑往往結合生殖器官的行為各國皆然，當時那人就手指著我，You Asian people,接著不懷好意地說 very small and short。這是雙關語，表面上指亞洲人個子又小又矮（其實我也不算矮），但話中暗示的自然是性器官小又短。當他這樣說時，有幾個女同事覺得太低級，笑罵著說 No fun, No fun。

　　一般亞洲人可能被這樣嘲弄後，只能兩手一攤無奈的表示「反正對方喝醉了」，但我可不然，我當下用戲謔的口吻展開反擊。

　　我跑去櫃檯拿來一個毛巾，刻意捲成一個長條，然後在眾人面前指著那人，you western people just like this，然後我就把原本長條的毛巾放掉，整個毛巾癱軟下來，Long and soft。

　　接著我把毛巾對折再捲起來，成為較硬實的狀態，接著說 We Asian people as you mentioned --- , But you know very …

　　所有在場的男女聽了都笑翻了。

　　就這樣，透過機智的反應與語文表達的能力，在幽默、不傷和氣的情況下，守護應有的尊嚴，也讓對方從此以後，對我們也會維持適度的禮貌與尊重。

LESSON | 11 | 博觀約取，厚積薄發

　　近幾年來常聽到一個詞叫做混搭，最早是出現在流行時尚界，後來餐飲美食也來混搭，文創設計也來混搭，反正想要突破新窠臼，怎麼做？就採用 A+B 公式就好，不論是不是讓整體造型變得更美還是更怪？或者是否混搭的冰品真的有那麼好吃？反正只要讓人感覺「不一樣」就好。

　　其實混搭、混血或者像腦力激盪會議也是混合大家意見，的確經常造就一種 1+1 大於 2 的境界，例如美國身為世界強國，他本身就是民族大熔爐。但卻也絕不是甚麼不同文化相混在一起結果就一定會更進化，最典型的案例就是二十世紀初中國屢被列強侵略後，雖喊出「中學為體，西學為用」的口號，但以結果來看卻大幅傾向西化，有的媚外崇洋，有的東拼西湊，到最後搞得四不像。

　　「中學為體，西學為用」這個觀念本身並沒有錯，前提是你要真的去理解那個「西學」，最糟的是有人連自己的「中學」都不懂，更奢談想要二者結合。

　　當我們想了解西學，甚至其他國的學問（例如東北亞、南亞），切記不要單看表面，就像是不要只想學人家的民主議會制度卻不去了解背後精神，或者人家正在發展甚麼產業，我們也去比照。資源不同、文化風俗不同，就像一句英文諺語：One man's meat, maybe another's poison. 正所謂南橘

北枳，平地栽種的水果不一定適合引進山地栽種一般。

◎ 縱橫東西方的思想

　　關於不同文化的相遇交碰，我應該算是感受非常深刻的人，從過往到今天的人生，我的三觀應該是相當國際化的，曾經很深入真正地去融入不同的國家，跟當地人生活與交流。而這樣的我，每次一回台灣，就更能感受到兩種文化的對比甚至觀念上的撞擊。

　　年輕時候的我少不更事，臭屁地以為自己不但喝過洋墨水，甚至還在外國人的土地上開疆闢土，覺得自己像是「人上人」。那時回台灣時的感覺，就好像是一個住慣北高大都會的人，卻去到一個偏鄉，感覺怎麼那麼落後啊？這也不對那也不對的，甚至那時我剛從歐洲調任回國，爸爸去機場接我，我沿路不自覺地一直碎念批評，例如開車過紅綠燈，唉啊台灣人怎麼這樣不文明，在歐洲人們開車都習慣在斑馬線前停車讓行人先行，台灣的汽機車違規右轉，有縫就鑽？還有台灣的建築怎麼看就怎麼醜，反觀歐洲每個城市的建築都很有文化底蘊，有著深厚的美學……

　　當我叨念著台灣怎麼變那麼多？我爸終於忍不住正色地跟我說道：「台灣沒有變，是你變了」，當下著實給了我一記當頭棒喝！

　　現在的我也算遊歷過四海，擁有更開闊的心胸，我已懂

得不需要硬是把其他國家的特色套在台灣身上，就好比台灣的許多優點像是人情味、庶民美學還有獨特的歐美日中各國混搭的生活日常，也是其他國家欽羨的，16世紀葡萄牙人稱呼台灣為福爾摩沙，亦即美麗之島，到五百年後的現在依然適用，台灣人不可妄自菲薄，要更加珍惜。

如今的我，懂事了，懂得要因人因事因地制宜，就好比我們在都市大餐館用餐可能有必要注重的禮節，但到了原住民部落作客也要搭配對方的習俗，不要用都市人的觀點去批判人家落後或不衛生。也切忌去給人家貼標籤，二十世紀初台灣被日本殖民，那時候有皇民家族，日化較深的人以為高人一等；五六零年代美國壯大，家中有用美國貨者，也好像成為另類的貴族。過往的時代有過往的歷史背景，無法去苛責當時人的見識狹隘，至少在今天我們要學會尊重自己也尊重別人。

文化沒有對錯，就好比蘋果在不同的環境下長成不同的樣子，有不同的風味。我常舉的一個例子，就是撞球，早期在歐洲打撞球，那是非常高級的運動，但是早期在台灣，可能十個人會有九個人會將撞球跟不良少年聯想，因為的確撞球引進台灣後化身為彈子房，經常就是青少年群聚甚至不同幫派發生衝突的地方，直到今天應該也沒有哪家的家長，會願意放心讓自家的兒女去彈子房「休閒」。

明明遊戲規則一樣，撞球桌撞球桿也都是全球統一標準，為何會發展出不同文化？相信每個類似這樣的題目，都可以深思出更大的議題，重點還是那句話：你要懂得思考，

不要人云亦云。

　　當然，還有很多外來文化，來到台灣沒有變糟，只是有了轉型。像是很多的美食例如四川牛肉麵、北方酸菜白肉火鍋，其實都已經變成標準的台灣味，如果有人想追溯源頭去找美食發源地，會發現台灣版的可能都比原始版的好吃。另外一個聽起來像繞口令的例子：「台灣版本的日本料理比起日本版本的日本料理還要好吃」，大部分正宗的日本料理好比懷石料理，在日本是小而美，但這比較不符合大部分台灣人喜歡「吃粗飽」的文化，所以其實在台灣吃日本料理會更有料。

　　如今被視為頂級料理的懷石料理，其實在最當初只是比較克難的旅途吃食，俗稱的料亭料理，由於早期交通不發達，有重要文書傳遞靠驛站傳輸，那驛站後來也變成往來商人及旅人的休息站，既是休息站總要供應點吃的吧？那就是早期的懷石料理。取名為懷石，就像是僧人為了遵守戒律午後不食，為了抗飢寒，刻意放個石頭抱在懷中，意思就是餐飲分量很少的意思。

　　後來往來的客商中有資金較充足的，希望吃更好點的，於是懷石料理就越來越正式，至於後來怎樣演變成一種美學，甚至流行於貴族間的餐飲「儀式」，那又是另外的故事了。

　　當人們看待一件事情，特別是跟國外有淵源的東西，背後往往有很多的歷史軼趣，能夠多一點了解，讓自己「見山不是山」。也是人生一樂。

◎ 印度見聞

有時候思維轉換並不是一件容易的事，像過往常為人詬病的，被某些宗教人士視為行善積福功德無量的美事：放生，後來卻淪為另類的殺生。因為被野放的鳥或魚，早就失去對外界的適應力，結果一入大自然叢林就立刻成為獵物。此外有商人抓準人們需要買生物來放生，刻意去捕捉生物來賣，越多人放生就越多生物慘遭毒手。

當初放生的用意自然是美善的，只是他們沒有融入經濟學以及生態學視野，到了現代，世界比從前更複雜，我們看事情也就必須思慮要更周全。

例如現在大家都在喊節能減碳，思想單純的人以為吃東西就吃有機食品，開車就開電動車，保證可以對降低溫室效應貢獻良多。實際上遠非如此簡單，專家已經發現為了創造綠能，結果那過程反而生產更多的碳，例如電動車本身看似不排放碳，但電池製造的過程卻可能排放更多的碳。

也好比很多看似立意良善的事，曾經有都市想要廢娼，以為是在拯救女性，卻沒顧慮到那些女性投入八大行業的背景，背後的經濟困境未能被解決，最終仍必須去從事相關行業，反倒因為該行業被地下化了，對從業人員更沒有保障。

如果在自己國家看待事情常有迷思，更別說跨出海外，因文化不同會有更多的誤解。

我記得有一次印象非常深刻的經歷，那時台灣印度航線

尚未通航，我銜命飛往印度做先鋒鋪路的工作，我們預計對接的合作對象是印度航空，那天搭乘的飛機飛抵孟買已經是深夜十二點，辦理通關流程真正踏出機場已是清晨兩點，外頭已經有代理行的司機等候我們。

深夜時刻，孟買的街頭因為日夜溫差非常大，空氣中總是有著沁心涼的寒意。搭乘的賓士車從機場往市區高速急行，行進間我驀然發現，怎麼路邊躺著一又排一排的「屍體」，並且是櫛比鱗次緊緊挨著，用白布裹起來。初始我不敢問，腦子拼命轉著印度這幾天有發生甚麼災難嗎？還是有瘟疫大流行，一下子死很多人連埋葬都來不及嗎？後來忍不住還是問司機外頭是怎麼回事？

後來才知道那些並非屍體，而是階級最下層的流浪漢，那些白色的布其實是他們的袍子，白天遮陽、晚上就當保暖的被褥。一律都是白色，因為印度日夜溫差很大，他們白天都是勞工，若不穿白衣，整天日曬後肯定嚴重曬傷，到晚上氣溫驟降，又必須緊緊裹住身體，並且還需人擠人靠體溫相互保暖，否則會有凍死之虞。

當夜入住的泰姬瑪哈飯店（印度的泰姬瑪哈陵是世界七大奇景之一），是非常高級的五星飯店。早晨起床後，推開窗簾看外面，又嚇一跳，我住的地方金碧輝煌，但放眼四周卻盡是貧民窟。貧富差距竟至於此！在台灣其實感受沒那麼深，但來到印度的這趟旅程就讓我感觸良多。

由於拜會的行程滿檔，不可能有時間觀光，只好是趁早餐前出去附近走走，才一出飯店門就立刻被一群孩子包圍乞

討，當下起了惻隱心，想想反正也沒多少錢，就每人給個一塊美金吧！正準備掏錢的時候，就看到昨夜載我的司機現身用嚴肅的表情說：

Excuse me, Sir！Please do not give them changes.

我還是想著就一塊美金而已也不能嗎？我問Why Not？司機很慎重的說

Please don't。

畢竟人在異鄉，人家都提醒你不要了，我也不想強行給錢而傷了和氣。只是心中感到非常納悶。

到更後來我才知道，其實司機本身的月薪也才十元美金。試想那些小孩子，如果每天纏著像我這樣的冤大頭，一天找十個人，他的單日收入就比那個司機一個月收入多了。如果伸手要錢那麼簡單，那何必工作？每天就守在大飯店門口就可以賺到比辛苦工作更多的錢。

也就是說我原以為自己是施捨，結果一方面對認真工作的人不公平，另一方面也害了那些小孩一輩子，從小就養成乞討是最快、最方便的觀念，他們這一生又怎會有翻身的可能？

印度的見聞，也讓我上了很重要的一課。

人活著總要有立場，沒有立場就等於少了一個看事情的基準點，不只隨波逐流，甚至可能徹底迷失方向。

但立場應該因時因地制宜，這並非要你當牆頭草，而是要懂得甚麼時候該堅持自己立場，甚麼時候得包容他人立場。此外當自己視野格局越來越高，眼界更寬，立場也會調整。

我們看很多的企業衰亡，就是因為食古不化，一味站在從前曾經成功的基準點上看事情，人家都在談元宇宙了，你還在拿古早的獎座沾沾自喜。或者有的人總愛用大男人主義態度與人交流，後來惹犯眾怒卻還不明所以？都是因為不懂得審時度勢調整角度看事情。

其實，最容易看到自己格局狹隘的場合就是出國，畢竟過往總是處在自己熟悉的圈圈，在同溫層取暖並不會特別有人糾正我們的問題，然而當去到一個不同的國度，見證不同的文化，絕對可以開啟不同的視野。

外國月亮不會比較圓，但不可否認你會看到另一種角度的月亮。

◎ 省小錢反而花大錢的教訓

談起海外的經驗，我在長榮服務十六年的歲月裡，造訪

過非常多的國家，也留下很多印象深刻的故事，這些過往的經驗啟迪了我，也讓我在未來所服務的企業，遇到困難與挑戰時，都能不斷修正，成為我日後成長的養分。

最早1991年初赴歐洲時，就曾發生了許多因國情不同而鬧出笑話的狀況，如果只是個人因為文化差異而出現的烏龍事件，一般都無傷大雅，但若是影響到企業整體形象，那就事關重大了。

當年我是長榮航空派駐歐洲的先鋒之一，在台灣，長榮集團可說是前十大企業，就算是以全球評比的標準，長榮海運也是海運界的翹楚企業，算是國際知名品牌。然而，有時大企業也難免會有一些小缺點，常見的就是太過中央集權化管理，疏忽了因地制宜的彈性。當然，現代的長榮集團已經相當國際化了，但在一九九零年代的初期，公司涉外國際事務的經驗稍嫌不足，也讓海外拓點人員多多少少碰到一些難題。

身為先鋒尖兵的我，當時最苦惱的問題，就是站在第一線實際接觸到的現況，卻無法完全確實傳回「中央」，明知道公司的規定與當下的情況有所牴觸，在服從的最高指導原則下，也只能硬著頭皮遵守。如果期間能有比較具遠見的高階管理協調，而不要一味文過飾非、報喜不報憂，第一線人員做事將會更順利，圓滿，相信這也是現今許多國際性企業經常會遇到的問題。

那當時碰到甚麼問題呢？其實狀況非常的多！舉例來說，長榮有優良的管理體系，除了識別化的 CIS 系統，連

辦公室風格也採標準化，就是說海外的辦公室就比照台灣總部的辦公室設計，一律統一使用綠色系的優美辦公室家具設備，一方面為了標準一致，另一方面，也為了節省成本，所以，當時我們在歐洲的辦公室桌椅櫥櫃等設備，一律由長榮海運從台灣送過去，然而，這樣全球化台灣化的規定，果真在不久後，就窒礙難行了。

那時我在英國，每個國家有相關的勞工規範，包括辦公室的桌椅的高度，是否符合人體工學，是否符合環保材質，都是明文有規定的。其實，我們也是有跟總公司反映，但總公司還是一個口令一個動作，員工就必須服從上級領導的規定。卻忘了西方人有強烈的自我人權意識，強行由台灣運過去的辦公家具，不但不符合西方人的體型，也的確違反當地的法規。於是就有在地員工去跟有關單位申訴，其結果可想而知。

當初以為用制式化、標準化、規格化大量採購的辦公家具是最符合經濟效益的，後來不但沒省到錢，還得重新添購整套新的辦公家具。最初不去深入了解一個國家文化或相關規定，一味的想省錢，結果就造成了省五毛卻花一塊的窘境。

相較之下，整批家具重買這樣的事還算是小事，當年我派駐日本的時候，有遇到一個更大損失的案例，也是因為公司總是用「從台北看天下」的心態處理事情，而導致海外經營有長達至少半年以上時間的虧損。

那年正好是 2000 年，我臨時受命要被調派去日本負責

拓展那邊的市場，而從接到通知到實際出發，只有一個禮拜的時間準備。而我當時連日文五十音都還不會。早期的長榮有個不成文的規定，被公司任命外派，如果不克前往赴任，那可能到最後只有選擇離開這條路。而職位在協理級以下的同仁離職，一律照准。因為長榮的企業文化與管理制度也是非常嚴謹的！

◎ 文化對於業務之必要

如果要往自己臉上貼金，我可能要說，為何全長榮人才濟濟，卻要派我這個德文系出身完全不懂日文的人派駐日本？可能是因為我這個破軍坐命的人適合這樣的角色。實際上也的確，在長榮將近十七年歲月，大都是在扮演開疆闢土的任務。

其實我就是臨時被通知要派駐日本的，而這是個人人稱羨的職位，被說是既可以吃香喝辣、又離台灣很近；更何況眾所周知，長榮創辦人本身就經歷過日治時代，長榮管理也主要採取日系管理的方式。然而實務上一個人要從零開始去海外拓展市場，那真的是很大的挑戰。如此來看，當時派駐日其實一點也不算是肥缺，反倒是長官賦予我的嚴格考驗，也確實，一上任就發現前路非常坎坷。

行前一周，被趕鴨子上架的我臨時抱佛腳，去永漢日語惡補了日文基礎班，但白天工作繁忙，還要準備出國種種資料，打包行李，一個禮拜時間我連五十音都沒學全。2000

年 11 月我隻身飛赴東京。

從前我們和日本間的交流，都是透過 ANA 航空居中協助，而從我到任後開始，長榮開始獨自經營日本航線，所有的外援與關係戛然而止，一切都要靠自己，從零開始。

在台北總部辦公室的高階主管們，理所當然地認為，以長榮這麼大的企業現在要去日本推廣，應該是大家搶著開門恭迎唯恐怠慢了，我這個赴日代表只是去建立銷售流程，那有甚麼難的啊？那時我們第一檔要搶的票務市場就是 2001 年春節檔期，務必要讓長榮航空班班客滿，殊不知我當時跑遍全日本，卻處處碰壁，最後依公司的標準來看，我無法達成任務，還背上辦事不力的罪名。

而實際情況卻是，我們又再次以「台北看天下」。日本不是台灣，日本人做事態度是很嚴謹的，舉例來說，ANA 航空早期要拓展中國大陸市場，公司的做法是，早在兩年前就已經做了深度評估，然後在正式進駐前一年已經派專人赴北京研習中文，等正式開拓中國分部時，不但已有懂中文的公司高階幹部，並且過程中也長期匯報對中國市場的觀察心得。

但若以台灣企業的角度，怎可能浪費這樣的時間，花錢養員工讓他們去國外上課？幹嘛那麼費工夫？就以台灣愛拚才會贏的精神，一卡皮箱提了就四海闖蕩了，哪來那麼多規矩？

可是偏偏就是這樣後來就踢到鐵板。我一個人東京、大阪、北海道來回奔波好幾趟，拜會了各大旅行社通路，不僅

通通吃到閉門羹，並且對方還覺得為什麼那麼狀況外？以日本旅遊市場來說，配合航空公司班表，一年兩大旺季：春旅和秋旅，全部都必須提前至少半年以上的前置作業期，以春旅來說，前一年的春季剛過就開始規劃次年行程，相關業務從夏季開始一家家洽談，最晚必須在秋天左右完成，冬天的時候，早已在全國各大人流據點，擺放一本本的免費型錄，讓民眾可以帶回家訂定春天旅遊計畫行程。而我們前面都沒洽談過，就這樣大喇喇地登門拜訪，並且我十一月初訪，就想賣春節的機票，當然全部被回絕。我甚至提出說：「沒關係，如果是因為型錄印製相關問題，那這方面成本長榮可以全額負擔」，但是不行就是不行，因為這已經跟錢沒有關係了，而是完全無法符合當地市場的運作規範。

當時我除了被上了一堂文化課，同時間也被公司的同仁們上了一堂人性學的課。正當我在前線苦惱著怎樣拓展市場，而早期派駐的前輩主管們，不但沒有反省為何他們之前派駐當地時，卻連最基本的日本當地旅遊操作習性都沒搞清楚？反倒只會從台北總部隔海指責，責怪我辦事不力，甚至後來團體價格都被打回票，連積極爭取銷售的套裝行程機票，也被指責把票價格訂太低了，並且諷刺說如果只會賣低價，派一個接線生報價，永遠比華航低五百元就可以了，諸如此類的酸言酸語，我相信只要有國外派駐經驗的人，對總公司人員這樣背後的暗箭傷人的耳語應該並不陌生。

無論如何，當固守一個地方文化，沒有去拓展國際視野，就會發生像這樣在進行國際拓展併購時的窘境，事實上

類似的案例也發生在許多大企業身上，包含之前台灣知名企業購併德國西門子公司也是這樣的情況，因為不熟稔國情與習慣，最終鎩羽而歸。

俗語說：將相無能累死三軍，讓許多身處第一線的人員真的是啞巴吃黃連，有苦說不出啊！

LESSON | 13 | 懷念的人以及那段東南亞的歲月

　　我的人生上半場走過許多的國家，也遇到許多的貴人，特別是在人生地不熟的異鄉，如果有人對你伸出援手，除了實質上帶給你的幫助之外，更多的是精神上的溫馨。

　　有些人可能只有短暫的交會，在那個時間點裡，因為他讓你工作上得到一定的方便。有些人則是某個時期重要的合作夥伴或者是背後的支援力量。不論互動的時間長短，有緣相遇，共同參與一個專案，也或者分享一些生命的省思或對人、事、物的看法，珍惜這份因緣殊勝的機遇，對這些人我都懷抱著感恩。

　　這裡我要分享一段我在柬埔寨的故事，還有一個懷念的老友。

◎ 赴柬談航權的戰亂年代

　　我從歐洲回來後，就在長榮總公司負責國際事務室的工作，那時有個機緣讓我前進柬埔寨。

　　1990 年代，繼台灣經濟起飛、中國也在經濟改革開放後逐步成長，下一個被看重的經濟發展以及投資重點，就是東南亞。那兒有相對廉價的勞工以及土地等資源，又有龐大內需市場，最重要的是百廢待舉，相對就充滿了商機。當時也已有很多台商飛去東南亞投資。台商聚集越多，代表往返

交通需求量也就越大，這也就是長榮值得過去拓點，爭取航權，開闢新航線的地方。

擁有豐富派駐海外經驗的我，當時就肩負重任，參與並擔任實際航權談判運作。

最早，當時擔任接洽人的是柬國派駐台灣大使秦納瑞，由他當引路人我們在柬國找到拜會窗口，後來更直接對接到柬國第二總理，洽談航權的進程，發展得非常順遂。但其實當時柬國的政局已經風起雲湧，由於老國王拉納瑞德長年在北京養病，並不是實質領袖，而比較像是個精神象徵，國內則分成不同派系互相傾軋、內鬥非常嚴重。1997 年，柬埔寨發生內戰，韓森發動政變，我們鋪陳已久的航權談判自然也告吹，大量的台商倉皇逃回台灣。

政變前雖然風雲詭譎，但實際上的內戰一天就結束了，從那時候開始，韓森擔任總理，至今都仍然在位。他早在政變前其實就已經是實際掌權者，連續掌權超過 30 多年，是全球在位最久領袖之一。而當年台灣押錯寶，支持的是國王的兒子，相對比較不親中的拉納瑞德，當韓森掌權後，堅持一個中國政策，台灣這邊要再去談任何生意，自然就很難了。而許多台商也都被迫放棄柬國市場。

然而，畢竟國家還是必須要發展經濟，總理韓森也知道不採取開放政策，終將對柬國不利，所以後來還是陸續開始了各種招商優惠政策。公司看到戰火已經平息，一切又回歸市場本位，於是，我又再次銜命，飛赴柬國洽談航權。

當時我們的在地居間協調窗口，就是人稱涼椅大王的曾

振農先生。

曾先生是個傳奇人物，雖然以政治角度來看，他的是非功過，各方褒貶不一；但單純以他自身的奮鬥史來說，一個出身貧困，自幼失學，曾做過擦鞋童的孩子，能夠憑著力爭上游，白手起家拼出事業一片天，後來成為當時的企業家典範，還從政擔任過三屆立委，娶了當年的台大高材生美女秘書，也就是後來的嘉義縣長張花冠女士，之後雖然政壇失利，依然可以在逆境中找出路，勇敢轉戰一個全新的市場。曾先生是 1990 年代中期逐步耕耘柬埔寨市場，也在當地做出一番成績，經營企業有成。

1997 年透過曾振農先生的引薦，方得拜會柬國高層。

還記得當年來接機的是他的秘書王新先生，王先生長得又高又帥，一個挺拔的男子漢形象，他也是個傳奇人物，一生充滿故事。當時他在機場接待我們之後，第一件事竟然是帶我們去靶場練槍，就在金邊市郊區，整排桌子上，擺著 M16、AK47、黑星、紅星等各式各樣的槍枝，還有火箭筒，迫擊砲等等，要我們試著開槍打靶。

最終看到我們的表現後，王新搖搖頭嘆息說「算了，你們還是不要帶槍吧！」我的腦海旋即就浮現的學生時代周潤發主演的警匪槍戰片的場景。王大哥教導我們，將來如果不幸面對持槍的人，第一動作就是把雙手高高舉起，意思是自己身上沒武器，沒有攻擊性，明哲保身最重要。

那是戰亂的年代，我親眼看到在王新的床鋪底下拖出來的一整箱各式槍砲武器。

他說，在柬國人命可不值錢，花個一百美金就可以買凶殺掉一個人，50美金就是一隻手或一隻腳，一個人在柬國「被消失」，其實真的不難。

就是在那樣的環境下，我和團隊成員要協助柬國政府成立柬埔寨國家航空公司。

◎ 台柬航約之簽訂

我前後在柬埔寨待了約莫半年的時間，前三個月住在位於毛澤東大道旁五星級的洲際飯店，那時，因為內戰剛結束，世道不好，安全保護規格也比較嚴密。然而畢竟住宿花費頗鉅，後來就改住在曾振農的別墅。

曾先生有兩間別墅，其中一間給我們長榮團隊住。也是在那段時間，我跟曾先生多有互動，在交流的過程中，感受到他這個人，表面上是個大老粗，實際上卻心思縝密，有著睿智的思緒以及對時局敏銳的洞悉。

那時我們在柬埔寨主要的任務，是洽談如何成立航空公司，也就是長榮要入主柬埔寨安哥航空來經營東南亞往返台灣航權，其實前面大部分繁瑣細節都談得差不多了，然而最終卻還是破局，關鍵就是錢的問題，長榮高層覺得柬國這一方獅子大開口，索要的權利金真的太高了，於是只好決定放棄合作。

高層的一個命令，我們第一線的人就必須進行善後工作，原本跟我們最後商談是一個柬國重量級人物，他住的莊

園是連棟的豪宅，名車停得整排車庫，放眼周邊都是他的產業，也是這個喊水會結凍的大人物，要求我們支付龐大的權利金，並等我們最後確認。而我們當時的做法，只能先回覆曾振農談判失敗，無法達成共識，煩請他轉告那位大人物我們無法繼續合作。

如此一來，真的對曾先生很不好意思，當初他居中協調當我們的引薦人，現在合作破局還要他來傳話。

後來曾先生在柬國發展不利，雖然背後因素很多，不完全是因為這次談判失利關係，但這次的台柬不愉快的合作經驗，多少也影響他在柬國高層的形象與關係。

記得當時在那位大人物府上，出其不意地，他竟然跟我談論兩岸關係，他說他很懂得你們台灣和中國是怎樣？還用英文念了一首曹植的詩，諷刺的說「本是同根生，相煎何太急」。

後來我回台以後，本以為柬國的事無望了。我個人是非常主張台柬間要建立航線的，至於各種貪污索賄這種事在第三世界國家很普遍，只要我們能夠控制成本就好。當年高層決定放棄，但時隔兩年，我的部門上司新官上任，又重啟柬國議題，那時的柬埔寨已經逐步擺脫戰爭陰影，各種經濟建設也在起步中，透過某個台商協會會長，表示已經跟政府建立好關係。於是公司決定再重起爐灶與柬國進行洽商，想當然爾我又再次銜命去輔佐我的上司，一起去洽談。

當下的心境很複雜，之前我們談了許久，卻沒有給對方一個交代，現在再次去談，號稱是透過當地很有影響力的台

商會長的安排，而我們也的確見到國家旅遊部長，在行禮如儀後，才知道竟要被安排去見那個真正有影響力的人士。

當下我就有預感，所謂有影響力的人士，可能就是當年那個大人物。果不其然，第二天部長帶我們去一個地方，一個我非常眼熟的地方，就是當年那片豪宅。緊接著登場的，自然就是那個大人物。

當下我的上司還沒完全進入狀況，但我卻感到非常尷尬。而那個大人物也沒在客氣的，直接跳過我的上司，和我對話，彷彿我才是團隊領導人一般。他冷冷地笑了笑，說「你又來啦！當初叫你們給錢不給，你認為走另一條路就走得通嗎？」

最後他用很嚴屬的眼神看著我們，「跟你們講，這裡是柬埔寨，萬流歸宗，所有事情都要經過我。」

其實我當初就跟公司說明柬埔寨的狀況，但高層就是不相信，總認為會有其他的途徑或方式可以達成。但現在又回到原點，還是得跟這位大人物談。

那位大人物從頭到尾幾乎不理我的上司，直接跟我對話，「怎樣？你們這回來，可以帶給我甚麼新的東西嗎？上回請你們給個答覆，結果什麼回覆都沒有就離開了，難道你們這麼大的公司沒有人可以做決定嗎？」

我當然心知肚明，不是我們不回覆，而是有轉請曾先生回覆，但是曾先生如何說明，就不是我們可以預期的。

我後來就跟大人物解釋，我們還是沒放棄合作，只是時間拖得必較久，所以才再回來，請求他給我們再一次的機

會。

以結果論，我們後來有達成合作共識。至於中間的相關問題，在此就按下不表。總之 1999 年，台灣跟柬埔寨談成飛航協定，由於兩國並沒有邦交，我們是以成立了台北航空協會對接甫成立的金邊航空協會的名義，由民間形式包裝的半官方組織簽署航約。而柬埔寨的航權合約則是我個人所草擬的。

從那年開始，長榮每周飛柬埔寨三班次，過幾年後，華航也陸續開航。

回顧過往，由我主筆及經手的航約草約非常多，像柬埔寨及帛琉等等。因為長榮是在華航30年後才成立的航空公司，如日本、香港等重要的黃金航線，都付之闕如。因此，在航權爭取的過程中，果真備感艱辛。每個航約背後都有很多不足為外人道也的故事，有時候甚至還要冒著生命危險進行。日後回想，真的是別有一番滋味在心頭。然而，這些挫敗與磨練，也逕自成為我日後生命中成長的養分，讓一個來自台中，出生在小康家庭，沒有背景、不靠關係的我，能有機會成為國內六家航空公司之一的總經理。也許這並不是什麼偉大的成就，但我仍舊要感謝在航空公司的成長歷程中，一路幫助我的貴人們！

長榮航空的國際事務室算是台灣航空公司總經理、董事長的搖籃，從蘇宏義先生以降，培育了陳憲宏先生、陳欣德

先生，林志忠先生，都分別擔任過長榮航空、立榮航空的總經理或董事長。而我則是擔任遠東航空以及柬埔寨吳哥航空的總經理。此外，之前星宇航空的總經理鄭傳義先生與翟建華先生，也曾經是國際事務室的同僚。最後，還有一位戴錦銓先生則是曾擔任張榮發基金會的執行長。非常感謝上述這些前輩同僚，對我的提攜與愛護，在此，謹藉著這個機會，深表最真摯的謝忱與致上最崇高的敬意。

◎ 感懷曾振農先生

在柬埔寨的經驗，對於我日後職涯發展有著極其重大的影響，因為那時我已體認到，想成就一番事業，就一定要勇敢地去嘗試、去開創。之後我在 2000-2006 間銜命分別在日本以及中國華南地區開疆拓土，在達成使命後，於 2006 年五月正式離開長榮航空。

因為當時在柬埔寨洽談航約期間，與當地的政府建立了友好的關係與人脈，之後被挖角，去擔任柬埔寨吳哥航空的總經理，也因為總經理在位期間的表現被認可，後來我又被禮聘成為遠東航空總經理，完成公司重整，從無到有的經營與管理。

記得那時嘉義在辦燈會活動，而我當時是遠航的總經理，恰好有機會去嘉義訪視業務，我又再次地和張花冠女士見面。她還記得我，一起遙想當年，曾經有一次曾振農先生、張花冠女士，長榮航空董事長許瑞源先生和我，一共四

人在越南胡志明市最高的一棟大樓頂樓,享用法國大餐。席間談論彼此交流著柬埔寨、東南亞以及國際局勢的看法,杯觥交錯間,我彷彿又看見湄公河上的燈火斑斕……。

往事如煙,曾振農先生早已仙逝,據說是在搭船考察途中因為心臟病發,墜海身亡。一代梟雄,竟不幸於壯年離世。

我至今仍清晰地記得,那年我們寄住在柬埔寨曾振農府上,有幾次跟他請益時局的看法,不時也聽到他關於人生哲學智慧的珠璣。

印象中曾先生長得雄壯威武,又非常具有本土草根氣息,看到他讓人直接聯想到台灣黑熊。但其實他講話非常有深度,不愧是個縱橫天下的跨國企業家。

那年我還是個三十出頭的年輕人,他曾給我諄諄教誨。他說:

「承仲啊!永遠要記得一句話:

這輩子,你要永遠創造你人生被利用的價值」

當下我先是愣了一下,之後心有所感,想要說點甚麼,卻又說不出來,我怕一開口眼淚就會淚崩了。

我感受到他明白我的處境,也藉由這句話給我勸勉。因為他的鼓勵,我知道就算我的職場努力不一定被長官看到,但只要我的付出能夠帶來社會具體的貢獻,一切就值得了。

有機會的時候,曾先生還會跟我聊生意經,他跟我說,將來有機會自己經營事業,要做跟女人跟小孩子相關的事

業。因為男人到一定年紀，其實不會經常買東西，而真正負責採買的通常是女性，對女人來說，小孩是生命的重心，會很捨得為小朋友花錢的。

凡此種種，我和曾先生相處時間雖不算多，主要就是1997 在柬國那幾個月的時間，但他這個人在我心中留下一個值得敬佩的形象。

當他在台灣的事業逐漸走下坡，他可以大破大立，隻身來到柬埔寨，並且他拿得起放得下，願意放低身段，重新開始。後來在柬埔寨因為得罪高層，發展受限。他也依然可以從零開始，轉赴中國大陸發展。

那年當我聽到他不幸落海過世的消息，心中是非常感傷的，彼時我也離開長榮，有了更新的發展。

時至今日，凡有機會參與任何的演講場合或是跟年輕人對話時，我總是記起曾振農先生的這句話，讓自己在社會上做個有價值的人，在此與大家共勉。感謝曾振農先生，也感恩那一段難忘的經歷。

受 想 識

行動致遠篇

LESSON | 14 | 想問題、問問題，解決問題

　　當我們願意時時內心響著「為什麼」的聲音，那是好事，表示我們是個懂得思考的人，表示我們沒有被外界的海量的資訊所淹沒，並不都是照單全收。

　　但其實這個「為什麼」，還有格局之分，一個終身在山村生活的人，問的「為什麼」肯定不脫山村生活所見所聞範圍，要想問出更深入的「為什麼」，這個人一定得設法離開山村。

　　我們常聽到一句話「問對問題比答案更重要」。

　　歷史上知名的一個問句，就是晉惠帝的「何不食肉糜？」成了貽笑千年的所謂「不知人間煙火」，他也是有用心去問「為什麼」啊？但世人不會覺得他好學，因為他的問題定義了他的人生高度，就只侷限在很幼稚的程度。

　　在企業裡，一個新人甚麼事都問，初始長官們只覺得這個新人很認真想學習，但是提問久了，大家就會開始懷疑這個人是不是真的甚麼都不懂？甚至可能連自己去思考的能力都欠缺。但如果是在重要的產品企劃會議場合，有人適時地提出「為什麼」那可能就會獲得讚譽，例如因為有人問為什麼飲料一定是只能作為解渴用？於是就刺激了大家新的想像空間，把飲料結合生活情境或特殊目的如減肥去油膩等等。

　　你喜歡問「為什麼」嗎？懂得不只問問題也要試著去調整新的看人看事態度嗎？有問不一定有答，但好的問題可以

為你開啟許多通往新世界的門。

◎ 問題比答案更重要

其實我一路走來的種種生涯突破，都跟懂得去思考「為什麼」有關。

・年輕時仍在擔任第一線接待人員時，會想為什麼這個客人這麼的生氣？

・飛赴世界各地談航權，與不同的人對接，會想著為什麼對方會出現這樣的態度或反應，除了表面的會談外，是否隱藏甚麼其他暗示？

・後來身負重任處理不同的危機或者銜命要振興某個公司時，會想著為什麼會發生這個問題，跳脫表象後，他的內在真正病根是甚麼？

・當自行創業時，也會想著為什麼人們會做這件事？這背後是否有未能滿足的需求？如果是這樣的話，我可以創業提供甚麼服務來進軍這個市場？

願意多想「為什麼」的人，往往就是事業可以經常有轉換提升的人。

特別是在海外真的是訓練問「為什麼」的好場域，比較起來在自己熟悉的家園因為凡事都習以為常，於是就少了問「為什麼」的動機。

例如我談到我在印度時，經常碰到有小孩或窮困的人跟

我要錢，我問為什麼司機不建議我給錢，原來那樣會給不勝給，而且還會導引他們不思長進。

我再問為什麼這裡要錢的人那麼多？原來一方面我搭乘的是賓士車，一方面飯店和機場間的道路也正是孟買的主要道路，人流多車多自然就乞討的錢會比較多。

我們日常生活中是不是也常會碰到這類問題，卻把思緒鑽錯方向的境況？一旦方向錯了，是再怎麼努力也沒用的。

這也讓我不由地想起一則故事：

有個商人出差偷得半日閒，去某個村落稍事休息，他看到有一個年輕人整天不工作，躺在海邊悠閒地曬太陽，後來他忍不住就上前問道：「年輕人你為什麼不去工作？」年輕人反問：「為什麼要去工作？」

「工作才可以賺錢照養生活啊！」

「我餓了就去捕魚或摘水果一樣可以生活。」

「但你需要賺更多錢超越現在生活啊！」

「比如說呢？」

「比如說你可以賺更多錢成家立業讓戶頭滿滿啊！」

「戶頭滿滿後要做甚麼？」

「當你有很多錢後你就可以去享受人生。」

「甚麼叫享受人生？」

「就可以悠哉悠哉無憂無慮的在海邊曬太陽。」

「我現在不正就是這樣？幹嘛繞一大圈只為了做我現在正在做的事？」

這樣的問題問到後來就變成了一種哲學思辨。當然這原始的問題是以笑話形式呈現，刻意有些語意邏輯的陷阱。但現實生活中我們也的確可以去思考，當成人們碎念著怎麼現在年輕人都不像他們以前那樣打拼？怎麼都常穿奇裝異服愛做標新立異的事？怎麼都不怎樣……

我個人的看法是：不要一味只站在自己立場去問一些不會有答案的「為什麼」，因為多半時候我們已經腦海中預設立場，以自己的人生作為基礎去想事情，但不同時代有不同的環境變遷以及生活考量，必須跳脫狹隘的自我才能一觀全局，找出正確的問題以及最適切的答案。

這也讓我不禁想起在菲律賓的經歷。

◎ 我在菲律賓

在長榮服務了將近十七年的時間，扮演許多國家開路先鋒角色，其中有一個國家就是菲律賓。

那時由於菲律賓航空公司面臨倒閉危機，想要尋求跟長榮合作，而長榮也想要開闢菲律賓航線，雙方的確存在有相當大的合作空間。

當年我們的代表團在菲律賓還承蒙時任總統的召見，這個總統很特別，他叫約瑟夫·艾斯特拉達（Joseph Estrada）是個演員出身，主演的是菲律賓版藍波的角色，算是個螢幕英雄。跟現今烏克蘭總統澤倫斯基，以前的美國總統雷根都

是演員起家。

　　早期提起菲律賓相信台灣人會想起很多負面的新聞，為什麼菲律賓總統經常跟貪污等負面新聞有關？像是馬可仕這名字幾乎就是貪污代名詞，他的夫人擁有三千多雙鞋的新聞成為世界對菲律賓這個國家的烙印，之後的艾奎諾夫人以及艾奎諾三世也都是醜聞及緋聞纏身，包括當年和我見面的艾斯特拉達總統後來也因貪污被關。

　　這到底是個怎樣的國家啊？感覺上好像都不夠積極上進，完全與台日韓認真工作態度相反？我在赴任菲律賓前，也曾做功課想了解這個國家，但紙上談兵，不若親自在這個國家生活過，這樣才能真正感受到這個國家的文化。

　　那時我隨同創立星宇航空的張國煒先生，一同去開拓這個市場，認真的做逐島機場探勘，幾乎菲律賓每個有機場的島嶼都去過了。不過老實說有種無力感，這個國家風景美，人民也很熱情，但你就是不能用台灣那種「愛拚才會贏」的思維去看待他們，菲律賓人的個性比較偏向「活在當下」的態度，而你也不能說他們這樣不對，因為他們有著自己的生存哲學。

　　那時我剛到菲律賓，某個禮拜五晚上，看到街上有排隊人龍，並且在不同的街上都有這種現象，我第一個想法是難道要發救濟物資或補助金之類的嗎？但看到排隊的人個個輕鬆彼此笑鬧，那氣氛不像在領甚麼補助。後來才知道他們只是排隊要去提款機領錢，因為當地 ATM 沒那麼多所以得排隊，並且這種現象每兩周的星期五晚上一定會發生，菲律賓

原來是採取領雙周薪制度。

　　不像我們一般認知的概念，辛苦工作一個月換取月薪，並以這樣的基礎做財務規劃，過著月光族的生活。菲律賓人覺得人生幹嘛那麼辛苦？還要忍耐一個月才有錢拿？生活是「此時此刻」的事，「每天」都要及時行樂。

　　因應這種人生價值觀，所以發展成雙周薪制。

　　可以想見一有錢了就快快樂樂過兩個禮拜，若錢太早花完了？沒關係，錢再賺就有，再撐個幾天就又要發薪了。

　　這真的就是一個國家自身文化的特色，而深究這樣的文化，再仔細去深思，又跟地理環境有關。

　　各位讀者試想，以赤道圈上下五度範圍所涵蓋的國家來說，有沒有哪個國家是被列為經濟強國的？有哪幾個國家的人民得過諾貝爾獎？

　　當然還是有的，但一般說來，經濟實力強國就只有新加坡，但那是因為小國寡民，被迫必須自立自強。諾貝爾獎也只有兩個，都是出生印度並且得獎時人在印度生活，一個是詩人泰戈爾，一個是跟馬拉拉一起榮獲和平獎的凱拉西·沙提雅提。但以印度人口十多億人來看，這樣比例不算高。（並且精確定義來看新加坡和印度，都不是赤道直接經過國家，他們只是很靠近赤道）

　　為什麼當提起赤道國家諸如巴西、印尼、馬爾地夫總是聯想到歡樂、休閒、安逸甚至慵懶，更別提大部分非洲國家肯亞、剛果等都是比較經濟落後的國度？

其實我們大可以思考更宏偉的議題：為何生長在寒帶人（大部分歐美文明），發展出各種科學以及海洋探險，甚至也發展出各類藝術和哲學，主宰當今世界文明，而熱帶人相對來說就相對落後一大截呢？

可以想想前一節講的那個海邊笑話，如果說我可以每天躺著休息，餓了就去海邊用魚叉抓魚來烤？渴了就爬上椰子樹，有享用不盡的椰子水，那生活幹嘛那麼累？還得辛苦工作？

就連種田要養活自己也很簡單，熱帶地區隨便撒個種子，就算不特別用心照顧也能開花結果。

相對來說，寒帶的人經常面臨生存的壓力，青菜蔬果植物很難種植採收，酷寒的氣候下，就必須想方設法保暖，連汽油都要加防凍劑，才有辦法使用。包括覓食、居家生活以及資源尋找都必須費盡心力，為了生存，自然被激發必須經常動腦，也必須勇於冒險。

所謂文化是植基於千百年生活習慣的累積，歐美文化已經這樣傳承千百年，就如同亞洲的華夏文明，也同樣經歷必須與環境奮鬥的歷史進程。相較來說，熱帶國家傳承的是相對樂觀開朗，講現實點，就是習慣安逸、浪漫不羈的文化。

這是環境影響生活乃至整個民族的例子。

所以當回過頭來看看我們自己的生活，真如孟子所言：「生於憂患，死於安樂」，年輕人趁青春要勇於去闖蕩，勇於去面對各種挑戰，不要一味只想窩在舒適圈，因為，成長及學習是有其黃金期的，錯過了，就只能徒呼負負了！

長久以來我們總不缺社會新聞，永遠有各種詐騙、鬥毆、背信甚至殺人越貨的事情發生，並且社會有越來越「躁動」的現象，好像大家都有滿肚子的火氣，一觸動就爆炸，所以會有許許多多的看不順眼，彼此嗆聲然後揪人打群架，還有理念不合光對罵不夠乾脆做出破壞甚至傷人的舉動，更且幾乎天天都有類似馬路上超車按喇叭等引來不滿，動不動就從車上拿出棍棒，彷彿車上放個武器已經是變成汽車的標配了。2021 年底發生了富二代只因汽車擦撞，偕同朋友三人壓制對方，狂毆到幾乎喪命，而引起全民憤慨的事件。

同樣地，我要請讀者看事情不要只看表面，一個事情本就有諸多面向，媒體報導的可能只是一個面向，就算是沒有被斷章取義或加油添醋報導的事件，我們也需學著去探究事情背後的成因，學習讓自己成為一個懂得思考的人。養成快斯慢想的習慣，對將來工作及生涯也會有很大的助益。

◎ 如何看待一件事情？

這裡我想來跟各位讀者分享管理的一些理念，在全世界不同的企業中，各種的管理模式都有成功的範例，這世上沒有一套放諸四海而皆準的聖經。

但我本身習慣的方法，是比較彈性的作法，我對做人做事有一定的要求，卻也不會訂規範把自己綁死。就如同人們常說的：「甚麼叫規定？規定就是用來被修正的」，因為凡有規則，必有例外！

　　以我現在的飯店經營來說，餐旅觀光業是標準的服務業，在台灣，長期人們耳熟能詳的口號就是「服務業凡事以客為尊」，但就因此凡是有客訴，就認定員工是不對嗎？其實，我並不認同這句話，而且我也不認為「客人的話永遠是對的」，這句話我認為改成「理性客人的話才是對的」，應該會比較妥當。

　　所以管理一個飯店就如同經營一家企業，甚至治理一個國家，有些道理是相通的：「最大的真理，就是這世上沒有絕對的真理」！

　　好比討論遏止犯罪，新加坡的嚴刑峻法舉世聞名，鞭刑的殘酷畫面讓壞人聞之喪膽，但國情不同並無法套用在台灣。或者像美國是文明大國，但他們允許可以合法擁有槍枝，這在台灣絕不可行，沒有槍就已經有社會治安問題，有槍還得了？這樣說似乎顯得台灣治安很亂，實際上又不是如此，台北曾被列名全球十大宜居城市，台灣也給外國人的感覺是最安全的國家。所以看事情不能一概而論。

　　而以前面提到的種種鬥毆事件甚至殺人砍人事件，細心去探究真的人人都窮凶極惡嗎？其實會發現很多人根本是「一時情緒失控」，當探究事情根源想要找解方時，犯人是天生人格異常還是情緒管理有問題？解決方式是不一樣的，

也絕不能以為同類的案子就可以比照辦理。

回歸到我的管理觀念，我認為管理的重點不是結果論也不是過程論，而比較偏向動機的權變理論，並且我要再次強調這只是大方向的看法，但並非每件事都一視同仁。

所謂結果論，也是現今台灣業務屬性公司主要的作法，一切業績導向，所謂的 KPI 或是 OKR 的理論就相對應運而生。你有再多計畫、再多努力都只是參考，最後真正得到結果才是王道。只要最終業績亮眼，你就是值得嘉獎，業績不達標？那就準備等著回家吃自己。

至於過程論，領導人最常講的一句話是「沒有過程，怎能寄望取得良好的結果？」甚至若結果還不錯也可能只是矇到的，這其實特別適合在教育培訓類型環境，好比一個計算題，也許學生最後算出的答案是正確的，但計算式其實觀念有誤，那老師還是有導正的責任。

我認為的管理模式，不須太採結果論（當然結果還是有某種程度的參考價值），畢竟發生就發生了，你去究責也沒有用，也不能說過程就一定導向結果，因為人生有太多的變數。相較來說，所謂動機論，就是回歸本心。

‧你為什麼提出這個方案？重點是想要提升企業形象？是想要擴展市場佔有率？還是只是覺得其他企業也是這樣做你就這樣做？

‧你為什麼發生這樣的錯誤？是一時疏忽？還是對方言行激怒你讓你對這個客戶無禮？應該不是你對這客戶積怨已

久蓄意報復吧？

找出動機，管理者才能據以做後面決斷，假設行為動機有偏差，那就可以趕快矯正，另外，管理者也須時時提醒員工「不忘初衷」，當有各種價值衝突時，要回歸事情的本質，例如公司要訂定下一季的商品行銷策略，但資源有限，到底要加強通路銷售，還是主打媒體廣告，亦或舉辦大型活動來刺激買氣？所有的爭辯只會曠日廢時，往往先回歸初衷才是正途。我們是要推出更讓顧客滿意的商品？還是聚焦在公司形象提升？如果我們核心價值是讓顧客滿意，那就該將資源放在顧客的反饋意見的修正或調整等等。

管理是門大學問，無論如何，從「心」去做了解，始終是必要環節。

◎管理從沒絕對標準

提起從「心」了解，這件事攸關教育。畢竟甚麼叫做「心」？東西方的認知，還是有某種程度上的差異，但絕對不是指心臟。相較之下，腦還比較適合擔任「心」的角色，但不論是心臟或腦袋，其實也依然不是全然的代表個人思維的「器官」，或許那根本跟器官無關，所謂性靈感覺比較抽象，但毋寧跟教育以及成長環境有關。

試想，一個食人族的小孩，從小就懂得獵人頭，烹人

湯，甚至可以拿人肉孝敬長老，你跟他說殺人是錯的，他肯定不明白你的道理，就好比獅子要獵殺羚羊，可愛的鳥也會吞噬昆蟲，這就是大自然的道理，不是嗎？

這也是世人常犯的錯，把優勢文化當成是定理，但優勢文化不一定永遠是對的，例如曾經是全世界最典範的企業，福特汽車公司是最早採用績效管理的公司，甚至也是最早有著明確管理制度的企業，福特先生所創立的標準化作業流程，被稱為福特主義，並且他的確成功了，在最高峰時候全世界有三分之二的車子都是福特汽車生產的。

所以福特先生的管理模式是最佳的嗎？到了現代社會，可能除了一些第三世界國家，已經少有人採用他當年的生產線管理模式，那是一種把人當成是「成本」的一環，很沒「人性」的生產方式，甚至那也不算管理學，他管理的是整家公司的生產，至於員工都只是生產的「工具」。

但福特汽車的管理理論就是錯的嗎？至少在那長達幾十年的時間，福特的理論是管理的顯學。

以這樣的角度看，一代又一代的跨國企業家以及所謂的管理大師，他們的話都是「對」的嗎？

真的有世界通用的管理學嗎？答案還是那句話：「每個人要懂得自我思考判辨」。在不同產業不同地點甚至不同時間管理方式都不一樣，包含我自己待過比較威權管理的長榮集團，也待過比較活潑彈性的旅遊產業，或者非常強調禮儀以客為尊的飯店服務業，也接觸過充滿創意的網路媒體事

業，絕對沒有一體適用的管理模式。

所以話說回來，管理並不存在絕對的金科玉律。

競爭力大師麥可波特講究績效管理，他認為「營運績效」是指「執行同樣作業，其效率優於競爭對手」。

品管大師戴明，追求的是質量管理法，他說「一位經理的工作就是將系統裡各成員的努力加以整合，以達成組織原先設定的目標。」

管理大師彼得杜拉克強調系統的重要，他說「管理的重點在建構一個好系統，讓人的長處得以發揮，短處得以包容。」

以上每一個道理都對，但難道一個企業家或管理者要治理公司就是把每個大師的話套上去嗎？那肯定會阻礙重重，因為很多管理理論其實細節是有相衝突的。

那如果不看管理大師而來聽聽真正有實戰經驗的企業楷模說的話呢？

王永慶說：「追根究底，實事求是，點點滴滴求其合理化」。張忠謀說：「一家企業最重要的三項東西：願景、企業文化與策略」；許文龍說：「企業不是永遠的，當社會對這企業不再需要時。企業就該消失。」郭台銘說：「以成敗論英雄，根本是在責任心。」

同樣地，如果想要把所有的企業家管理哲學都套用，以為自己擁有甚麼武功大全，結果一定是做甚麼事都綁手綁腳，管理紊亂，員工無所適從。

怎樣是對的？怎樣是最好的？怎樣是大家應該遵循的？

答案是沒有共通標準，包含本書分享的所有觀念，也是要讀者自己消化吸收變成自己的東西，因時因地制宜。

所以食人族的小孩吃人有錯嗎？他處在他的成長環境那樣沒有錯。

正如同管理怎樣才是對的？端賴你所處的人、事、時、地、物，其實就是我們在企業管理中常提及的權變理論。

最終要管理的，還是自己。先把自己管理好，才能以自己的不變來應萬變。

若以武俠小說來比喻，你可以學會各種拳法劍術，但那些都只是外在應用，最重要的還是基礎內功，基礎內功扎實了，你就可以把各種武功靈活應用。

對應到我們的個人管理以及入社會後的公司治理，那內功就是我們的「心」。

這裡的心，包含心態、包含基本思想價值觀、包含對世界基本的認知，這些絕不是今天你想要建立就建立的，所謂「江山易改，本性難移」，正確習慣的養成需要時間，因此我覺得教育很重要，因為我們要從「心」開始。

當然任何人想讓自己的心更開放，都還是有成長空間的，那就看你想突破自己的意志有多堅定了。

從心做起，下一章讓我們來談談教育。

LESSON 16 從基礎教育談起

　　我的管理方式跟我帶孩子的方式都是一致的，我很尊重人性，重視每個人身而為人的基本自主，也總是以人性本善的方式待人接物與人為善。我相信，打從心底的感動與領悟，比起靠嚴刑峻罰或嚴格管理所帶來表面上的言聽計從還要重要。

　　在家裡，孩子們從小到大，我從不問孩子考試第幾名？我女兒就曾經反問我：「爸，我很好奇耶！我的同學們如果考試成績不好的話，怕爸媽知道會被罵，但你從來都不會問我這方面的事？」

　　的確，我不會問她這回考幾分、得第幾名，我認為考試成績都只是結果，結果已經確定，沒有建設性的情緒發洩或謾罵，都是沒有意義的。我通常都只會問，成績有沒有比上回進步？

　　有的話，那我會鼓勵她，再接再厲，下回更上一層樓；沒有的話，就必須虛心檢討，為何成績比上回退步了？是學習方法不對還是有哪個部分需要加強的？有哪些需要爸爸協助的，爸爸永遠在這裡當妳的依靠。

　　人生應該要跟自己比賽，而不是永遠去跟別人比較。因為，那真的會是人比人氣死人啊！

　　如何追求更好的「自己」，這就是我教導孩子的方式。

◎ 將來的你一定會感恩現在拼搏的自己

大學時，雖然我念的是文組的輔大德文系，但是比起背誦更多的單字、專有名詞，我更重視的是真正理解以及如何舉一反三的活用。

假設今天你只記得出門後應當左轉右轉再直直走，過了便利商店後就到了捷運站，曾幾何時哪天便利商店搬家了，你就不知道怎麼去捷運站了，那不就糟了嗎？同理，知道數學平方的計算，卻無法連接到現實生活面的複利率；或者知道成吉斯汗跟元朝的關係，卻無法同步聯想到當可汗大軍西征年代也正好當時歐洲進行十字軍東征，背後代表甚麼意義？那這樣的學習就完全不夠到位。

現代廣泛影響人類生活相關的歷史淵源，舉例來說，為何有馬可波羅遊記？為何火藥傳入西方？以及為何後來十字軍東征？歷史教科書上不會一個步驟接連一個步驟跟你說明，因為故事是永遠講不完的，有千絲萬縷般的多樣連結，而學校只能教你學習事情的方法，但更浩瀚的學問之海，則要靠你自己去摸索。

就算有專書特別去分析某件事情，也請在自己心底永遠留個問號？這位學者說的是對的嗎？還是有所偏頗？這世界有太多的事無法眼見為憑，更遑論所見的也不見得為真。例如：中國的歷史通常是由後代的史官所編纂，其中描述皇宮內苑的秘辛或內幕等，有很多可能是推論或猜測，抑或是自以為是的論點來進行批判。書中所論述的對錯，並無絕對，

甚至有很多事永遠不可考的。重點是對讀者而言，是否能就此有所體悟，透過自己的完整的思維邏輯去理解分析，進一步去架構完整的自我論述，而不是一味的人云亦云，或是道聽塗說。

我常鼓勵我的孩子要養成閱讀的習慣，但同時要記得，不見得要照單全收。有句話說「盡信書，不如無書」，就是指在學習的過程中，不能不求甚解，要知其然，更要知其所以然。就是說我們常說的要懂得 Know How，更要知道 Know Why，我不希望我的孩子成為很會「讀書」的人，反倒是真的她們能夠全盤的融會貫通。

因為書永遠是死的，而世界卻是活的。

所以女兒問我為何從來都不追問成績第幾名？我反問她這重要嗎？考試第一名就代表以後就會成功嗎？

我跟女兒說，爸爸不是不關心，不問成績的原因是：第一，究責已經發生的事，於事無補；第二，念書是為了她自己，不是為了我，以後要過怎樣的日子，要靠自己現在的努力。

因為我希望女兒從小就養成「為自己負責」的習慣。才不會將有踏入社會遇到挫折，就開始尋找理由、原因、還是藉口，來規避問題或推卸自己的責任。

我認為若學校只是一味地導引學生追求好成績，卻不關心是否真正理解以及有否因材施教來刺激每個人的潛能，那就真的稱不上是好的教育。

然而我的女兒會因為我不過問分數而變得偷懶嗎？其實

並不會，她反倒更加懂得要用功學習，而且那種自動自發的學習，絕對遠超過於被父母盯著念書的效果要來的好。

之後，她還會主動來找我說，爸，我八年級比七年級進步了。我以前都排名全年級第六、七十名，現在進步到四十幾名了。那很好啊，繼續加油！

隔年，她又興沖沖的跑來告訴我，爸，我九年級更進步了。現在已經排名全校前三十名了。

但明明「只」有前三十名啊！我還是覺得很好啊！因為，重點並不是前五名或是前十名，而是她自我認知後，學習的進步，而名次只是一個參考數值。

或許有人要問，如果真的覺得名次不重要，那就根本不要去管名次，只要自己知道自己有在努力就好了。

當然，我並不否認成績的重要性，畢竟那是個學習評量的參考結果，因為這也是當今整個社會的現象。也就是說社會是現實的，不需要跟我說你之前多麼努力，或是從前曾經是個學霸，當呈現出來的結果就是你在公司的績效不佳，未能達成主管所交辦的任務，那講再多的言語都只文過飾非的藉口，甚至只招致更得負面的評價。

我的孩子從小就讓她們了解這是個結果論的社會，正所謂「成敗論英雄」，也要告訴女兒們，要了解自己，努力學習去知道自己的定位，人生就如同爬山，假設這座山有一千公尺高，而妳現在處在五百公尺處，還是有很多要努力的地方的。但有的孩子真的太執著於考試這件事，結果就變成歷屆考試都會發生的失常事件，有太多被學校看好的資優生，

後來因為種種原因失常了。但真的是失常嗎？毋寧要說，這才是真正的「社會考試」。將來你面對客戶，可以跟客戶說你明明有記熟商品說明書，但當站在他的面前簡報時卻「忘記了」嗎？你可以說你什麼都會，只是關鍵時刻太「緊張」，所以表現失常嗎？如果你是個專案經理，碰到事情比同僚還慌亂，這樣像話嗎？

人類一生中，也只有當學生的時代，可以允許比較高的容錯率，這次考不好，下回再加強就好，但請把握珍貴的學習時光，要真正去學習了解，而不要被表面的分數與名次所誤導。這是孩子自己的功課，是任何直升機父母及長輩無法代勞的。

我只能用鼓勵的語氣跟孩子說，請讓現在的你盡力表現到最好，請不要讓「以後的你」悔恨「現在的你」為何不努力。

你必須懂得自省，不要永遠依賴爸媽及師長，不要以為考好成績就想討大人一聲稱讚或獎勵。一旦自省，你就會知道，現在或許比別人辛苦，但以後你肯定比別人幸福，你現在的職責就是讀書，因為窮人家的小孩要翻身的機會，就是把書讀好，如果連書都念不好，那以後怎麼辦？

這不是傳統的說教或洗腦，而是要讓孩子自己深刻去思考，她這一生的路。

分享我與小孩的溝通方式，箇中的道理，我相信任何年

紀都適用。

◎ 學以致用，用以致學

如果說教育很重要的話，最大重點是在於奠定基礎的工作。像這類「打基礎」的基本功，是人人必須做到的，我相信很多人的失敗，都跟基礎不紮實有關。

人生就如一場馬拉松競技，比賽一開始，很多人都以為跑步很簡單，槍聲一響，就拼命的往前衝，跑沒兩三公里，就發現底氣不足了，之後連走路都喘不過來，更遑論要跑到終點？

德文有句諺語：Wer zuletzt lacht, lacht am besten! 英文也有人說成：People who laugh last, laugh loudest! 最後笑的最大聲！也有人說：英雄比氣長！人生有很多時候，就是要讓自己「底氣足」，而這底氣來源自於哪裡？那就是來自於「每天」的自我學習。

聯合報系「願景工程」曾於民國 108 年，做了全國的閱讀調查統計，發現台灣人真的「只刷臉書，不讀書」。調查數據中竟然有高達 40.8% 的人「一整年完全沒閱讀一本書」，如果說「書中自有黃金屋」，那麼可能大部分人一畢業後就選擇放棄黃金了，或者根深柢固地以為「讀書是學生時代的事」，大人的職責是賺錢嗎？這樣的人面對未來怎會有底氣？

如果不持續進修，賺得到錢嗎？其實很多身邊的事實證

明，在企業競爭中，一個肯用心持續學習（包括書本跟報名課程）的人，可以寫出較符合市場需求的企劃案，在面對問題時可以有更多的解方，包括企劃人員可以思維更寬廣，業務人員跟客戶對談也較有話題可以聊。甚至男孩追求女孩的過程中，也不會被嫌缺乏內涵。再加上現代社會變遷迅速，區塊鏈、元宇宙、加密貨幣，NFT 等主題，都是以前學校沒教的，更是要靠自己繼續進修才能瞭解。

　　所以一個人若不再閱讀，那不啻等同於放棄了自己人生向上提昇的機會。

　　或許有人說，不是很多只有小學學歷的企業家，後來賺大錢還反過來聘用一堆博士幫他工作？其實這往往是種片面新聞，因為是一種強大對比，所以媒體愛聚焦在低學歷 vs 高成就上，但仔細去認識那些企業家就會發現，他們私底下的學習比員工還認真，也有一大部分後來也重回校園去補足學歷，所以絕不要以為不再學習仍可以事業有成。

　　或許有人說：「讀萬卷書不如行萬里路」？這又是個「似是而非」的案例。這也正是現代人的一大通病，因為所學不足所以總愛望文生義，或者看到媒體報章說甚麼，就照單全收。此所以台灣可以有很多網軍來「帶風向」，有的是很不客觀刻意寫出來誤導大眾的評論，有的根本就直接是假新聞，反正凡事都不求甚解的你，可別真的成為現代的冬烘先生了！

　　試想如果「行萬里路」背後沒有「讀萬卷書」的基礎，那充其量只是個郵差（這裡不是職業歧視，而是純以「歷

程」來說）。如果到處旅行，看到古蹟的說明上寫的歷史典故，有看沒有懂，或者經過珍貴的文化景點也過門而不入，那樣的旅行有意義嗎？「拍照到此一遊」有甚麼好值得炫耀的呢？

　　真正的做法應該是「讀萬卷書，行萬里路」，書中的知識與旅途的見聞要相輔相成，這才是真的學習。當然，這裡的行萬里路不是單指旅行，也包含各種人生的豐富經驗，不過旅行依然是重要的，如果一個人的所見所聞永遠侷限在同一個文化領域，那樣只是一種封閉式學習。

　　換句話說，學習力更強，相對的人生就更有機會獲得成就（這種成就是涵蓋各種領域，在產官學或專業上的領域揚名立萬）。試想，有兩個口才相當的人做辯論，是擁有最多知識及經驗的人比較有說服力？還是每天只從電視上汲取資訊或上網看八卦的人，在進行論述時更有說服力？

　　這裡指的不只是學校裡的辯論比賽！實際上，社會就是個大辯論場，從我們畢業找工作開始，你怎麼說服面試主管，你最值得被錄取？在公司裡怎樣提出最好的商品行銷企劃？拜訪客戶時，怎樣說服對方你的產品比別人強？在人生的每一次拔擢躍升的時間點，怎樣讓長官認為你就是那個最適合的人選？

　　有機會和年輕人聊天時，我總會強調或許此時此刻你很優秀，但不代表明天你依然優秀，如果你中斷學習，那你的境界就永遠停在此時此刻。而對於年輕學子我更要強調，

「學習如何學習」比「學習」更重要。

　　所以我跟我女兒說考試名次不是最重要，因為那只代表此時此刻的學習成果，今天的第一名不代表入社會後也會表現得很好。但願意深入地去反省自己的學習方法，以及去思考學習跟生活應用的關係，更重要的「能夠養成不斷學習的習慣」，這才是對一生最有幫助的。

LESSON 17　學會拒絕，敢於拒絕

　　中國古典文學《紅樓夢》有句醒世名言說：「世事洞明皆學問，人情練達即文章。」

　　世事如何洞明？絕非坐在家中看時事節目，聽那些早已預設立場的名嘴們「論天下」，就好像秀才不出門能知天下事，其實只是一種好像自己博學多聞的假象，但是實際上很多人真的就成了被洗腦的訊息傀儡。

　　人情練達這件事更不簡單，許多老一輩的人，他們的確小時候因為環境因素讀書不多，但卻能被當地人視作珍寶，就因為人情世故經歷夠多，所謂「我吃過的鹽比你吃的飯多」，某種程度也有一定道理。

　　但最能讓人情歷練，迅速成長的方法，建議還是出國親身接受海外文化的洗禮，當處在一個完全不熟悉的環境，卻又必須身負重任時，那時就可以了解，為了達成任務，你必須真正深入了解另一種文化，並且在最短的時間融入。在此等文化的衝擊下，對內心所造成的震撼，是深刻且感動的。

◎ 了解一地國情文化之必要

　　那年我派駐日本，其實情況真的很糟，不只是工作上，四處拜訪都碰釘子，而且是往往明知是公司問題，卻因職責在身，必須設法達成任務的無奈經常讓我感到茫然。

初到東京的頭一個月，就在一次社交應酬場合後，發現我的錢包竟然遺失（若不說被偷走的話）。現金就約有三十萬日幣，那是我第一個月的生活費，在還沒領下次薪水前，連吃飯都成了問題。後來我的錢包被警察通知說找到了，雖然錢已經不翼而飛，但至少裡頭還留有一張當月的交通月票，也算是不幸中的大幸。只是，我感到比較神奇的是，至今我依然不明白錢包上沒有任何我個人的標記，沒證件也沒聯絡方式，交通票也不是記名式的，在那個尚未有普及監視器的年代，究竟是如何可以找回我的錢包？想想，真的很不可思議。

　　其實，那些年本就因為照顧中風的父親，每月光付給看護二十四小時照護兼抽痰等等的費用，就相當於我那時在台北每月的薪水，而之前幾年派駐歐洲所存的錢也已逐漸用罄。幸賴老天爺的安排，很榮幸的被公司指派調任日本。而派駐日本這件事對我當時的經濟狀況而言，真的是及時雨。所以，衷心感謝長榮航空對我的栽培與重用。

　　因為駐派日本的經驗，有助我再次大開眼界，加上前五年的歐洲歷練以及之後在幾個亞洲國家的工作經驗，帶給我很多新的學習成長，這也有助於我日後的創業，成就我後來多元化的事業。

　　那時候我在日本進行春節機票的推廣與銷售，在處處碰壁之餘，我也逐漸發現，問題不只是我們做法有違日本旅行產業的慣例，還因為日本人的文化習慣，如果不去深入了

解，只片面認知單單是太晚聯繫的問題，那日後還是會碰釘子。

日本人做生意的習慣比台灣還重人情，不像台灣人做生意，可能原本跟甲方合作，哪天乙方開出一個比甲方低五十元的價位，商人可能立刻轉為跟乙方合作。由於日本人很重視長期合作關係，那時候華航經營日本航線已經有一段時間了，日本旅行社不會因為有另一家航空公司可能提出更優惠條件，就背叛原來的合作對象。

所以絕對要拋開從前台灣那種小國寡民的思維，以為凡事只要隨機應變就可以打通關。人情「關係」不是靠甚麼智巧計謀可以取勝的，一定要用心從頭經營，我當年也花了很多時間跟一家家的公司建立情誼。同時間，又必須背負著長達半年機票滯銷備受指責的壓力，也只能忍著被誤解的罵名，繼續穩扎穩打的開疆闢土。

記得有一次，我約定拜訪一家客戶，那是一家中型旅行社，老闆是 Kakiyama 先生，前一天我們的業務人員已經跟對方約好下午兩點半拜會，我依著一直以來在長榮長官（長期照顧我的長官蘇宏義先生）所教導培養我的習慣，拜訪客戶總會提早到，那天我們下午兩點十五分，就已經在他們公司樓下，非常碰巧的，我們卻恰好看到那位 Kakiyama 先生匆匆從電梯走出來，看樣子是準備離開。

這場面還真的有點尷尬，原本就不打算真的跟我們見面，可能是找個藉口讓祕書擋掉我們，說老闆臨時有急事先出門了，卻不料我們提早到了，雙方當場撞見。

當下，我就很客氣的跟 Kakiyama 先生打招呼，跟他說：「我知道貴公司事業興旺，Kakiyama 先生也諸事繁忙，我們不敢太打擾您，今天是否就花個十分鐘彼此簡單認識一下，後續再來約時間餐敘？」

後來 Kakiyama 先生自知理虧，也感受到我的真誠，就取消出門改為親自帶我上樓，我們前前後後會談了幾次，後來也談成了票務合作，成為公司的銷售主力廠商。

◎ 態度決定命運

與人約見面，早點到的確會有意料之外的好處，原本這就是基本禮貌，為了避免遲到本就該提早出門，而以我的經驗來看，也確實發生了幾次因提早到而帶給後續生意合作正面影響的狀況。

這種事不論國內外都一樣，有一回在高雄拜會一家南台灣數一數二的大型旅行社，那時我已離開長榮一段時間，擔任的是遠東航空總經理。

那回見面約的時間是下午兩點，我也是習慣性地提早，一點四十五分就到了。旁邊跟著我的同仁，那時就先打電話要找旅行社蔡老闆，得到的回應卻是：「我現在不在公司喔！」那聲音其實我聽出來了，我當下從 sales 手中把電話拿過來，「蔡老闆你好，我已經在你樓下了，就花個五分鐘我們見個面認識一下好不好？之後您去忙其他事我不打擾您，細節可以另外再約。」

結果原來說五分鐘，後來談了整整五個小時，也正式簽約談成合作案。

當時如果只是業務同仁自己處理，可能就只能摸摸鼻子，抱著被放鴿子的沮喪回辦公室。但我始終就是秉持著永不放棄以及展現最大的誠意，逐步跟一個個客戶建立關係。

記得有一次在德國，那時候我也是從北到南造訪各大城市，尋找票務代理，因為當時長榮在歐洲沒沒無聞，業務推展真的很不容易。那回我來到杜塞爾多夫，也是保時捷的故鄉，那是個工業城，我拜訪的是當地最大的旅行社EXPLORE。

會面時間是下午三點，而我兩點半就到了，不敢太早進去打擾，一直等到兩點五十五分才進去，而當天我要會面的老闆也確實有看到我，他跟我打招呼表示知道我到了，然後就繼續去忙他的事。

然而，我就一個人枯坐在會客室，等了三四個小時，那年代沒有手機，無法上網打發時間，我也不方便請秘書「提醒」老闆，這樣不禮貌。我就只能坐在會客室等，直到晚上六點半已過都快七點了，公司也即將打烊，終於才看到老闆走出來。

他看到我的時候，著實有點訝異，為何我還在？猜想他的原意本是要讓我「知難而退」，才刻意把我晾在那裡，擺明了就是不打算跟我們這種不知名公司合作。

不料我仍在那裡等他，並且看到他出現依然展現親切的笑意。

他說「咦！你怎麼還在這裡？」我回說：「對啊！對啊！因為我忘了回家的路，還在等您為我指引方向呢！」，他聽完豪邁地哈哈大笑，說：「走吧！我們邊吃邊聊。」

就這樣，原本可能是吃閉門羹的一個生意，後來商談成功，我和他也變成好朋友。

不同的國家，例如日本和德國，原本各自以不同方式拒絕我，日本是不想跟長榮合作但禮貌性的說可以見面，然後時間快到了藉故取消。德國則是對我這個代表進行一場考驗，那次的見面，老闆當然是刻意讓我等那麼久的。

最初的目的，的確是讓我知難而退，但我若我沒被打退，他要考驗我的是我做人做事態度，因為我的態度也就代表全公司的形象。他考驗我：第一、有沒有守時？第二有沒有耐心？第三，我的應變能力如何？

顯然我過關了，他看到公司派出一個德文還不錯的青年，且反應機智風趣。之後我們經常見面，票務合作也很愉快。初始還是觀察期，等到合作幾個月長榮的飛航服務品質受到肯定了，他才真正放心了。只跟我說你們長榮空姐很有禮貌，不過英文好像有待加強，我說我們會改進。他又開玩笑的說：「對啊！你們制服是什麼樣啊？是只有三片葉子嗎？」（因為長榮英文 EVA Air，也是夏娃的意思），我也開玩笑的回答：「等下回您搭我們飛機，讓我們為您親自服務，您就知道了。」，就在雙方開懷的笑聲中，結下了不解之緣……

在這樣的場合，我的回答不卑不亢，也不會讓雙方呈現下對上卑躬屈膝感覺，臨場幽默機智的反應，也緩和了彼此間初識的違和感，讓彼此日後合作關係奠定融洽的基礎。

　　這類的行為模式，我就戲稱為「笑感動天」，也許是年輕朋友可以參考學習的。

LESSON 18 外派異地者的另類學習

　　經常我們在電視上看那種演「兄弟豪情」類型的片子，會聽到一些聽來很悲壯但又有些酷的台詞，像是「人在江湖、身不由己」、「出來混，總是要還的」之類的。

　　但現實生活中，雖然大部分人都沒在江湖上混，但是社會就是一個縮影，那些話也依然適用，例如哪一個上班族，沒有在職場受氣之餘內心興起「身不由己」的感嘆？想過瀟灑地揮一揮手開除老闆，但腦袋清醒些憶起每月要繳那麼多貸款，膽子就又縮了回來。而「出來混總是要還」，更是每日現實生活寫照，有的是打混過日子，年至中年一事無成後悔莫及，有的是天天應酬，想要拚出輝煌騰達，卻不料先把自己的肝腎功能報銷。

　　到底我們人在「江湖」，該怎樣立身處世呢？

　　在不同國家得以增廣見聞的我，也深有感觸。

◎ 學會為後果買單

　　甚麼事該做？甚麼事不該做？其實每個人內心有一把尺，但基本上沒有一個人可以真的隨心所欲，就算你貴為一個集團總裁，也不是甚麼事都說了算，例如若是生意擴達兩岸，那麼就算是總裁，也要適度的去拜碼頭，與不同老闆間的互動也都要拿捏分寸，沒有人真的完全可以「做自己」。

我在長榮將近十七年的時間裏，最主要的任務其實就是做「業務」，不論是當年初生之犢之姿在歐洲跑市場，或者後來擔任一個地區的在地最高負責人，我都是個業務，是業務就經常「身不由己」。

　　好比說，喝酒應酬你可以不參加嗎？當然不行，我可以做到的是如何「淺嚐即止」但絕不可能瀟灑地說「小弟我以茶代酒」，畢竟人家都已經豪邁的與你乾杯，你不能總是自做清高想置身事外。特別是調派中國擔任華南區總經理那段時間，我的工作其中重要的項目之一，就是市場的拓展與關係的建立，透過正式拜會交流後，再進一步來發展商業上的長期合作。

　　野味土產店，我去；卡拉OK，我去；酒店，我也必須去。

　　當然去到酒店，更是「點到為止」，因為重點是要讓客戶可以盡興，而我則要在適時的時機退場。畢竟，最重要的商談階段已經完成，到了酒店，我總是坐陪一下，但總是必須以明早要開會，還得回公司處理事情為由，先行離席。

　　退場時機很重要，如同在電視上，我們看警匪片有那種臥底做久「回不去了」，還有更多是年少輕狂不懂事，本來是好玩嚐鮮，但染毒染賭後，就一輩子戒不掉。分寸如何拿捏，也算是一種人生的智慧。在廣東服務的那段歲月，看到了太多「越界」的情況。

　　去酒店有必要嗎？初始建立友誼，給對方一個歡樂見面

禮，那是難免，或者慶祝事業有成，慰勞自己小酌幾杯，身旁左擁右抱的場合，其實大家都知道只是逢場作戲，那也無妨。但若是習慣了夜夜笙歌，那就是一種沉溺，一種迷失，甚至當事業已經走向低谷，依然沉迷紙醉金迷，那就是一種自暴自棄了。

其實那個年代的台商，有很多已經不是逢場作戲，而是深陷其中，公然的擁有第二或第三個伴侶，白天拚事業賺錢，但晚上吃喝玩樂一夕間，就花費殆盡。

我時常在想，人們是在哪個時間點上走偏的呢？

從歷史上看，後人如今每每讀到甚麼亡國之君、昏君、暴君，都引以為戒，但追溯過往，其實很多昏君，曾經也是明君，不是嗎？為何曾經驍勇善戰，開疆闢土的英雄，後來變成「從此君王不早朝」？為何從前行事果斷，英明神武，闖關滅寇，令人聞之喪膽的明君，為何到後來卻變成只聽信讒言，是非不分的昏君呢？

江山如此多嬌，引無數英雄競折腰！

之後就要上演不愛江山、愛美人了，那愛了美人，江山要如何呢？

當年我算是身處台商由盛而衰的關鍵時期，那時期大部分的台商還是賺得盆滿缽滿的，但隨時時代巨輪的向前推移，大陸沿海各地的陸廠也逐步興旺起來。

台商帶起當地的榮景，許多純樸的城市因為台商的進駐而發展起夜生活、高爾夫球這類「社交」活動。但長江後浪

推前浪，台商沒有百尺竿頭，更上一層樓，也就逐漸開始退化成「台流」。

一開始或許可以說，自己人在江湖身不由己，但一齣戲演到後來，變成了歹戲拖棚，從此江河日下，那就真的就回不去了。

「出來混總是要還的」這句話，還真的是讓我感觸良多。

◎ 另一種政治學

工作一族可以不談政治嗎？當然可以，但永遠擺脫不了政治。

這裡所談的政治，不侷限於國際政治折衝、區域國家間的競合，也包含所謂的職場政治。規模越大的企業，就越可能有派系或小團體，就算其中沒有明確的分野，卻也有所謂的「人際關係學」，這是人性，本就是無可厚非的。試問公司僅有一個好晉升名額，你會先分享給自己的愛將，還是行禮如儀的一般員工？其實就算你身為主管，你也很難真正做到公私分明，人總是有所偏愛，關係跟你較好的就會得到青睞。連儒家都主張「親疏有別」，這世上少有人可以做到公正不阿。而假定你就是那個被列為「疏」的人，你該怎麼辦？

有時候看歷史，感嘆朝中多佞臣。

追劇時，恨死了秦檜以及那個十二道金牌招回岳飛的昏君。

人家在邊疆拼命的守護江山，朝中卻總有人忌憚你的功成名就，偏要進讒言參你一本，而偏偏就那昏君也盡信讒言，你說他笨嗎？殊不知他可能就是將計就計，本就怕你功高震主，正好借刀殺人，反正史書上的污名就留給那個進讒言的宦官吧！當然也有耳根子軟的，畢竟天天朝夕相處的人講的話，跟一年到頭見不到一兩次面的人講的話，你要相信哪個？

即便漁陽鼙鼓動地來，賊兵已兵臨城下，昏君或許還正沉醉在紙醉金迷的酒池肉林中，正在嘉許著身邊寵臣、弄臣們的勞苦功高呢！

職場生涯中，看過許多的企業充斥這樣的現象，有的是以流放邊疆的概念，將員工派來一個偏遠地方，表面上是讓他外放歷練，實際上就是讓他硬生生錯過公司內部的升遷改組。也有許多的外派主管注定要背黑鍋，當業績有了突破，功勞肯定算在他位在總部的頂頭上司上，若出了任何狀況，不用說，百分百就是身處前線的主管辦事不力。甚至上司還可能演出一幕「代為求情」的溫情戲，最後來個「死罪可免，活罪難逃」，要責屬加倍貢獻業績，做為一種戴罪立功。做好是應該的，做不好你就看著辦。

當然也不是每個企業都盡是如此，但這是職人必須認知到的一種常態。那該怎麼樣避免這樣的委屈憾事呢？第一，我們應該要選擇有制度，管理良善的優良企業，第二，既然

有制度，那所有的規劃進程以及執行進度，都要有清楚的管控，誰當負責，紀錄分明。

身處在外派前線作戰的人，除了得擔心公司內的宮廷政治，其實每天要面對的可能是近在眼前的生態，很多時候，真的「將在外，君命有所不受」，懂得隨機應變的人才能求得生存。

例如我在海外，其實很多在地的情況，一方面背後關係錯綜複雜，不是當事人無法釐清其中奧妙，我會建議坐在相遠隔千里總部吹冷氣的人，要懂得適當授權，不要老是以總部自以為是的觀點來下命令。另一方面，商場跟戰場一樣，講求時機與效率，不是每件事都來得及層層上報，也不是凡事的效益，都可以用計算機算分明，例如你跟某個老闆吃飯，他沒有要下訂單給你，所以這頓飯白吃了嗎？但你知道他跟地方重要人士關係良好，公司需要他的支持相挺。你立馬就必須做決定，當機立斷，而無法等到上級批准後再進行。

就跨國集團公司而言，有時候也許集團對外的發言被作為政治解讀的時候，那身在異鄉的第一線人員，可能要花上經年累月的時間去澄清解釋，這些都是身為第一線人員常要面對的辛酸與無奈，真的是冬日飲冰水，冷暖自知啊！

因為外派人員在異鄉所面臨的隨機考驗很多，每次都是重要的挑戰。若能在開疆闢土之餘，也能夠把對內、對外的

複雜人際關係都拿捏得宜，那就真的是修得高階的業務學分。

　　人生境界將就此，更上一層樓。

受想行識

生命見識篇

LESSON 19 人生是一場修行

談學習，這裡我想野人獻曝，分享一些個人接觸佛法的心得。

其實，從禪學的角度而言，「直指人心，見性成佛」，人人都是佛，都是菩薩，只是人類受到方方面面的制約與限制，以至於失去了原來的本性。釋迦牟尼佛成佛以後說：「奇哉！奇哉！大地眾生皆具如來智慧德相。」

這句話有兩個角度，以字義來看，是指眾生皆有佛性，所以禪宗說頓悟，原來一個人從前迷失了、忘了自己，所以一旦想通了，就找回自性。

這句話的另一個深意，是指我們的心性，常言道所謂小人者：「以小人之心度君子之腹」。在知名的蘇東坡與佛印的故事裡，蘇東坡嘲笑佛印坐姿像坨糞，還洋洋得意以為占了佛印上風，結果蘇小妹一語打醒他「你心中想的，盡是污穢不淨之物，所以看甚麼都像坨糞土」。其實，眾生皆有佛性，就誠如金剛經有云：「應無所住而生其心」，人，自然能明心見性，見性成佛了！

對一般人而言，有時候是非善惡只是心念的轉換，但往往執迷其中的人，越是被教訓越是不聽勸，一直要到自己願意覺察內心，才明辨大是大非。但這有賴教育與學習，也唯有教育讓人可以知道更寬廣的世界，唯有教育讓人的心靈層次提高，否則就算有貴人善言，自身水平不足，那對方也就

只能對牛彈琴了。

人人是佛，靠的是自己的領悟，並且願意身體力行，用這樣的視角去看待眾生。

◎ 聊聊生活禪

有好些時候，不只一次看過或聽過這樣的情境，在廟裡虔誠念佛的人，回到家就大聲斥責家人及孩子；還有一邊手持佛經及念珠，道貌岸然在神佛前祈福念誦，在日常生活中，卻依然故我，幹起貪贓枉法，循私營利的骯髒事。還是只要在假日時，做禮拜或上教堂找神父告解，就可以洗滌整個星期所犯下的罪孽。

這世界真的有鬼神嗎？我不清楚。街頭巷尾大大小小的宮廟或教堂，真的靈驗嗎？我也不確定，儘管這問題可能永遠無解，但答案始終一樣。

但我認為，如果只是追求虛妄的宗教庇佑，卻不去真正探索自心，進而身體力行聖賢的教誨，那就僅僅只是追求自私的小我欲求。

這和學習的道理並無二致。有人說生活禪，生活即是禪。這不是抽象的文字遊戲，而是強調：與其熟稔經書寶典，如果不真的融入生活，那就沒有意義。就跟學校學習一般，除卻考試，外面的世界才是知識要帶你去應用的地方。

真正的佛學，不是要去學會然後用來指責別人，學佛要明心見性，這裡指的是凡事不假外求，而是尋求內在心靈的

平和，自身通達明理後，就能成就所謂「萬物靜觀皆自得，落花水面皆文章」的境界了。當你跟 A 可以溝通無礙，和 B 講話也依然心意相連，不論跟誰交流或者遇到甚麼事，都可以「無入而不自得」，這就是圓融，這就是人生的智慧。

所以我們就不應只用自己固有的三觀去處世或作為衡量他人的標準。在這世界上的人、事、物，沒有絕對的是非、好壞、與對錯，只有適不適合。因為每個人有每個人不同的角度與看法，在各種人際溝通的過程中，常常因為「我執」而造成了夫妻間爭吵，婆媳間不愉快，兄弟鬩牆等等，就連親密的人都會爭吵，因為越以為自己懂對方的，反倒更陷入「自以為懂」或是認為這一切都是理所當然的迷思，佛家所謂貪嗔癡三毒，卻是許多人的日常。

真正的學習態度，應該是知道「我還有許多不懂的地方」（請別把這當成只是一種客套話），之所謂「學而後知不足，方是進矣」。當然學習佛法的過程當中，不同的人有不同的想法。有人仿效地藏王菩薩的精神「地獄不空，誓不成佛」，有人認為凡事不假外求，遂能「直指人心，見性成佛」。

人人皆可成佛，我敬你是菩薩，你也敬我是菩薩，你有我學習的地方，我也是你效法的對象，彼此學習，教學相長。這便是我以學習佛法的態度來看待的「學習」。

但如果覺得有些言語還是太抽象，那簡而言之，就是懂得時時觀照自心，常常反求諸己：

‧當你看到某件事情讓你不高興時，想想為何你不高興？

是因為對方哪個行為惹到你了嗎？

還是只是因為對方做法跟你不一樣你就感到不高興？

‧看到別人動作慢或新人辦事不力，有人在一旁偷笑，想想自己是否曾經也是從零開始一路走來的？

想想自己是否曾經善良的想幫助人，怎麼現在只會看別人笑話？

‧看到別人升官，你是真心喝采，還是酸葡萄心理？為什麼？

是否想想自己沒做到甚麼？可以怎樣改善？

而不是心裡總是一堆OS，覺得別人都是投機取巧自己都是被誣陷埋沒。

‧看到長輩不高興了，反省自己為何讓他們不高興？

看到孩子哭了，反省自己有真的照顧好孩子嗎？

看到另一半滿面愁容，反省自己有沒有為這個家疏忽了甚麼？

說穿了，這其實就是生活禪，在生活中，時時學習時時省思，在生活中照見真正的自己，因為認識了自己，所以願意好好照顧家人、朋友（而不是表面工夫），因為認識了自己，所以知道自己還有很大的成長以及發揮空間。

古時候有人想學佛以為要到雲深不知處的地方潛修，但如今我們應該知道大隱隱於市，這整個社會就是個大道場，

也是個大學堂。

要證菩提真諦，不是讓自己脫離現實，相反地，更應該讓自己深入人間。

我最喜歡的一本書，是 1964 年諾貝爾獎得主赫曼·赫塞的《悉達求道記》（或譯《流浪者之歌》），書中的悉達塔王子，就是釋迦摩尼佛成佛前的俗家名字。希望能夠鼓勵讀者有時間可以找來閱讀，對人生應該會有更深層的領悟。書中自有黃金屋，而人生的智慧與領悟比黃金更珍貴，不是嗎？

◎ 自立自強於人生的道場

不經一番寒徹骨，怎得梅花撲鼻香。

人是需要經過一番淬鍊的歷程，才可能會提昇或有所領悟，看待自己的職場成長以及新人的管理培訓也是如此。

有人說，如果人人都是佛，為何不直接讓大家醒悟，還得來這世上橫衝直撞弄得滿身是傷？為何投胎轉世一定要喝孟婆湯？為何不能像阿卡西的記憶一般，將前世累積的智慧繼續留存在新的一世？

因為，生命本身的課題就是要讓你歷練學習的。

就好比你閱讀一本書，知道大海是廣闊的是藍的、是鹹鹹的，你還知道潮汐會受到月亮影響，才有所謂潮起潮落的映照。但你真的了解嗎？如果你不是真的去到海邊，你所描

述浪漫的潮汐語詞，也不過是無病呻吟。總跟人家說海是藍的，其實你真正去到海邊才知道海有多種層次的顏色，藍、綠、黑的漸層的混搭之美，如不親身感受，可能只是在旁附庸風雅，或是書空咄咄罷了。

　　人類的六根：眼、耳、鼻、舌、身、意，就是要來感受體悟人生的，當年佛陀要找出生命的真諦，不是只坐著思考，而是深入民間感受凡人的生老病死。就如同基督也是要透過人的形體扛著十字架為世人受苦。如果天上的神佛只要是大顯神通，直接點醒眾生，那生命不就是不切實際，也就失去了真正的意義。

　　一直是用這樣的心境看待學習，也因為遊歷諸國、認真去體悟去做這樣的學習。而認為在公司治理上，其實也是需要這樣的學習以及教化的道理。

　　就好比我們管理員工，你希望大家都很聰明，一開始就知道把公司交辦的事做好嗎？就算是學校成績各科滿分的孩子來這裡，也依然要歸零學習，甚至有的舊人比新人還更需要被培訓重新學習。以長榮集團來說，長年來招募人員都比較希望是應屆畢業生，而且不論你過往學習成績多漂亮，都要求新人從最基層幹起，因為比起「資深」的社會人士，剛入社會的新人是張純潔白紙，不像資深者還得像洗滌污垢般，去除舊有思維再來教育。

　　我沒有認為長榮的培訓制度一定對，但讓一個人從基層做起這樣的培訓是對的，如果一個人只因頂著海外歸國博士光環就直接擔任高管，那很有可能會成為一個不知民間疾苦

的法國國王路易十六，或是何不食肉糜的現代晉惠帝。就如同飯店管理也是這樣，每個位居經理的人都一定曾經歷過門僮，掃廁所，刷馬桶的歷練，包括有些大企業的總裁教育第二代，也是鐵血教育，毫不手軟，就算剛從國外回來，還是先給我去跟工人一起搬貨吃大鍋飯，自基層從頭做起。

也因為經過這樣打基礎，後來逐步升上來當主管後，才能孚眾望。相對來說，我本身比較不建議公司聘人採用空降部隊。第一，這樣的主管很辛苦，她沒有自己的團隊，也完全不熟悉這裡的文化，很多地方會與公司格格不入。第二，底下員工打拼那麼久了，工作多少都是為了更好的晉階，結果我的升官路硬生生被外來的擋住了，員工會服氣嗎？心裡不服氣自然就會有種種在明或在暗的對抗，如果你是公司老闆，公司經營已經很不容易了，還要讓公司處在內耗中嗎？

比較起來，還是長期用心培育自己的員工比較務實。

所以，不論在怎樣的企業，對人才培育是非常重要的，甚至我後來也創立一個事業跟人才教育以及培訓有關。

人力資源的管理需要經過「選、用、育、留」四大過程，從人才招募開始就要特別用心，很多企業一開始先讓人進來「試用看看」，後來理念不合或績效不彰又要請人走路，每次流失一名員工，將造成2.5人力的耗損，如此經年累月下來，要浪費公司多少資源，對公司的形象也是一大傷害！所以，我寧願一開始就多花點時間，把事情做對做好。

人力資源的績效評估，心態往往比能力重要。當然，能力也要有某種程度的標準，畢竟「能力」代表你的「過

去」，如果你過往抱持著打混過日子的態度，自然就交不出甚麼可看的成績單。而當有了基本的能力之後，緊接著就是看對工作的態度，雖然是初見面的陌生人，但從大至舉手投足，小到眼神交流，以及對談中的反應，還是可以了解對方的價值觀，以及基本的態度。

我覺得願意努力打拼是很重要的，但若把努力當成是自己的特質那就是觀念有誤，在工作上，「努力」就是基本的要求，不需要拿出來說嘴。在職場上，老闆通常不是很喜歡某種特別愛強調自己有多辛苦，甚至常說「沒有功勞也有苦勞，沒有苦勞也有疲勞」之類的話語。實際上，每個中小企業的老闆眼睛都是雪亮的，你上班的辛酸與否，應該逃不出他的法眼，他心裡的那把尺，早已有了評量與決斷，員工若不斷地強調自己辛苦，只會招致反感，讓人覺得「你是沒其他事情可以講了嗎？」，與其在這裡抱怨，倒不如把在這邊浪費的時間節省下來，搞不好就完成工作了。或許你仍不認同，但不可諱言的，這就是大多數老闆的心態。而這也不就是我們從小到大被灌輸的：小孩有耳沒嘴的最佳例證。

我的女兒目前還在求學階段，所以我經常和她分享生活中的哲學：在職場或在學校都一樣，不要說辛苦，要成就任何事之前，你本來就會辛苦。特別是在公司，老闆付錢不是給你來練習、來玩的，業績沒達標就是沒達成，就好比考試一般，分數不及格就是不及格，講甚麼熬夜苦讀等等，都只是沒意義的理由、原因、或藉口。

其實學校就是社會的小縮影，父母師長教育孩子可以強

調沒有過程就沒有結果，而踏入社會的成年人，更必須為自己的人生負責，不要浪費時間去怨天尤人。要活在當下，展望未來；因為往者已矣，但至少來者可追。

但重點還是你要趕快「頓悟」。

佛家說回頭是岸，彼岸本來就一直存在，只是人們讓各種雜念，諸如想投機取巧，想不勞而獲等等思維誤導了自己，所以墜入茫茫迷海，不知所措。

願意為自己的人生負責，就是開始了另一種立地成佛的概念。

人生就是道場，老闆及主管有責任培訓你，但最大的培訓場還是在你自己心裡。

LESSON 20 看透本質，理清脈絡

同樣的事情，發生在不同場合，可能代表不同意義。

同樣的表情，在不同人身上可能也代表不同意思，甚至就算同一個人在不同時間露出同樣表情，背後所代表的也可能是不一樣的概念。

好比今天男孩跟一個女孩見面，女孩一直哭。

哭，可能代表有委屈；哭，也可能代表想跟你撒嬌。

哭，嚴重的話可能是表示她自尊受損，她完全對這位男孩痛心失望。

哭，也可能只是她最好的閨蜜家人出事，她感到擔心。

如果你不認識這個女孩，或不瞭解事情的前因後果，就很可能會採取錯誤的應對方式，甚至本來可以有好的發展機會，反倒最後兩人變成仇人。

了解需要用心，需要真正的願意去深入認識。

在海外拓展業務的經驗，讓我更懂得去學習了解人事物背後的脈絡。

◎ 說服對方的前提是了解對方

早期以長榮派駐歐洲業務代表的身分，幾乎把整個歐洲的國家都跑遍了，其中進駐最久的兩個國家，一個是英國，

一個是奧地利，都長達兩年。歐洲幾個重要的經濟體，如法國、德國、義大利等，進駐的時間也是短則兩三個月長則半年，歐洲從北到南，由西到東，不同國家都曾留下我的足跡。

航空公司賣票的概念，跟貿易公司做生意賣商品是不同的，我拜訪不同城市必須找到不同的誘因，原因是當時大部分國家，長榮都沒有直飛航班。以飛航目的地來說，台灣畢竟還是非常小的地方，較少有人專程想飛來台北，因此長榮當時航線主打的亞洲據點是泰國曼谷，對應的是歐洲據點則是在奧地利維也納。身為業務我要說服歐洲各城市旅行社的，是鼓勵他們由自己所在城市出發，先飛到維也納轉機，再直飛曼谷，之後若要去亞洲其他地方，則以曼谷為轉機點。

這件事真的不容易，試想兩個國家飛航，好比德國飛泰國，要嘛是坐德國的國際航班要嘛是坐泰國的國際航班，怎麼會是由跟飛機起點終點都不相關的第三國飛機來飛呢？更且長榮不是國籍飛機，名稱還取 EVA Air ？更讓歐洲人不敢搭乘。將心比心，如果你是一個旅客，要花一筆也算不小的預算，跟家人在空中飛行好幾個小時，第一，你一定會考量安全性，其次才是價格及服務，而這些因素對於一家名不見經傳的航空公司，初始是很難光靠話語就說服的，必須有相當的努力，與足夠的實證基礎。所以我在歐洲那幾年，真的花了很多功夫去建立關係，當然初始主要還是由價格切入，吸引喜歡嘗鮮的旅客，直到後來長榮的知名度慢慢打開，優

良服務的品質也開始被旅客肯定，搭乘的人才越來越多。

　　當時我去拜訪旅行社，總是要先做好功課為他們做好分析，好比以德國來說，原本他們要去曼谷度假，如果是位在德國南方的城市，還得另外搭乘國內航班往北飛去柏林再轉機往南飛去曼谷，而長榮的優勢，旅客順道可以去距離更近的維也納，再由那轉飛曼谷，小機場轉機時間不會太久，加上長榮的機票便宜很多，且服務滿分。而要做出這樣的分析，前提是我必須要熟知歐洲的文化與相關的地緣關係，並加上我可以用流利的德文跟德國旅行社人員交談，才有可能獲得旅行社青睞的機會。

　　在台灣，由於從小到大深受儒家思維影響，常常將溫良恭儉讓融入生活對話中，經常會將「請、謝謝、對不起」放嘴邊，但在歐美文明中，你說 sorry，人家不見得會把你當成客氣話，反倒 sorry 一說往往代表「認錯」的意思，你若沒做錯事，幹嘛 Say sorry 呢？

　　此外，他們也不喜歡只會一味點頭哈腰，Yes Sir, No Sir, Thank you, Sir 的人，相對的，他們需要的是能解決問題的人，而不是一個 yes man，特別是西方人長久以來，心中就存在著對東方人的優越感，若東方人跟西方人談生意還要過度的謙恭，那就等於是自貶身價。而這些事情不一定會形諸任何文字，而是已經融入思維文化的一部分，只可意會不可言傳，對於一個想和外國人談判或做生意交流的人來說，了解相關的「文化心理學」是很重要的。

談起文化心理學，我在海外真的有許多時候，要努力去提振身為台灣人的對談高度，真的並不容易。舉例來說，在台灣因為歷史因素，有很長的一段時間，甚至直到今天依然如此，那就是大部分由東南亞國家赴台的人，在台灣擔任的是被稱做外勞外傭等的職業，雖然大部分的台灣人表面上不會刻意去貶低他們，但難免心裡有著制式化印象，認為自己相對而言，較東南亞國家的高人一等。

　　今天假設有個泰國商人，擁有相當資本來台灣創業，開了一家公司聘僱了台灣人，也許台灣人看在薪水不錯的份上，所謂「拿人錢財，與人辦事」，但如果當內心早有某些預設立場，本就自覺比較優越，偏偏這個泰國老闆不曾花功夫去學中文或台語，只是一味地以老闆身分吩咐東吩咐西，並且全是那種「曼谷看天下」的思維，忘了這裡是台北不是曼谷，可想而知，各種衝突一定會不斷發生，最終就算發出比一般企業高的薪水，也不一定留得住人才。

　　同理，我們公司當時在歐洲各國也聘僱很多員工，如何在原本東方人就比較被異樣看待的國家，做事做到讓員工心服口服，是個學問。最起碼身為管理者應該做的，是要把語文學好，否則連想要罵員工都不懂怎麼罵？講理也講不通，被嘲笑也聽不懂，大失主管威嚴，那不是挺悲哀的嗎？

　　在海外拓展事業，若沒有在地員工相挺，是很難闖出名堂的，這也是許多國際企業為何在台灣蓬勃發展，一旦跨足海外市場，卻不一定可以順利運作的主因。

◎ 比外國人還了解他們自己國家

在做生意的時候，難免會被拒絕，下下之策，是惱羞成怒，以為對方看不起自己，或者自我解嘲，認為對方也不是甚麼值得合作的咖，然後就放棄後續交易。

大部分時候人們則是：被拒絕了，暫時退回辦公室，然後隔了一段時間再試，然而如果一開始就沒抓住問題根源，下回談判也還是不會有結果的。

沒有一體適用的標準答案，建議的做法是，還是必須去了解不同文化背後的脈絡。

以當初在日本行銷，剛開始被各大旅行社拒絕這件事來說，後來了解背後有著日本旅行產業的行銷規則，以及人情因素，也花了時間去研究背後的商業脈絡，才逐漸梳理出背後的商業連結。

想想，如果有生意做，老闆幹嘛不想見你？原因有二，一個是他不認為跟你合作有商機，一個是怕得罪原本客戶。許多業務往往只看到第一點，卻沒看到第二點，他們只一味推銷自己商品，最終對方還是不點頭，業務也只覺得莫名其妙。

為何有的旅行社老闆，不敢跟長榮往來？因為他原本是做某些航空公司生意，甚至原本就是跟華航合作的公司，當他們還在跟華航友好，並且也知道長榮跟華航是敵對關係，

怎敢冒著得罪重要客戶華航的風險來接觸一家根本不熟的長榮呢？這種情況在台灣，在全世界都一樣。

於是我當時就研究了日本全國的旅行社，分成幾大類，其中有些旅行社是跟日本的大航空公司直接合作，且已經歷史悠久了，這些並非我們推廣的首選，應該要去拜訪的是行銷主力放在其他外國航空公司的旅行社，這樣有才機會從少量業務開始擴大成長，等做出一番成績之後，再來拜訪大公司，那才有機會切入。如果一個業務考察代表，連這個國家的銷售方式都沒搞清楚，那絕對是失職的，會讓後續擔任業務拓展者，在市場的經營上備嘗艱辛。

面對海外市場，真的要了解不同國家的民族性，例如亞洲的日本跟歐洲的德國，他們背後的歷史文化完全不同，但實際上卻又有很多共通性，他們都是二次世界大戰後的戰敗國，都曾經歷過一段帶點羞辱性的被外國軍隊派駐的歷史，後來也都從廢墟中浴火重生，現在都是G8工業大國之一。雖然，這兩個國家表現的企業文化看似不同，但仔細去分析，德日兩國都是很重視計畫，做事情深思熟慮型的，背後有著一生懸命的職人精神，跟一期一會的完美演繹。

在面對德、日的時候，若不去認真思考對方的文化脈絡，只想靠台灣本土文化那種草根性的拚勁，或是照古籍說的「雖千萬人吾往矣」那種視死如歸的精神，那麼去衝到最後的結果，只會讓客戶反感，反倒讓彼此漸行漸遠。

要做成生意的第一步，一定是先認識對方，這是最簡單

的道理，卻很多人想不通，例如我本身原本完全不懂日文，這其實對派駐日本這個任務來說是個致命傷，初期也的確讓我原本艱難的處境更加舉步維艱，但我一到日本之後，就花了很多功夫學語言，還聘請家教做一對一指導，努力彌補因為語文能力的不足，所造成的落差，幸好到後來至少也能侃侃而談、溝通無礙了。

一旦可以做到基本溝通沒問題後，那就能開展自己的強項，那就是我為何在長榮總是受命擔任開路先鋒的原因，因為我有相當強的業務力。

其實業務力說白了就是要「很會聊天」。但所謂很會聊天，絕非信口開河，言之無物，畢竟對方也不是要聽你裝瘋賣傻，就會跟你合作生意。跟不同國家的客戶對話，總是可以讓對方感到驚歎，因為他們發現我竟然可以跟他們聊他們自己國家的歷史文化典故，而且如數家珍。

各位讀者試想，假設今天你在台灣遇到一個非洲來的朋友，他跟你見面前，你原本還心中對這個黑人有些甚麼負面或好奇的聯想，諸如非洲經濟落後，連皮鞋都買不起等等。可是如果這個非洲人跟你講話，一開口不但中文很流利，並且還可以跟你侃侃而談當今時事，甚至包括台灣過往從明清到現在的歷史，還聊到三國時代孫權的東吳的領土就涵蓋了有台灣島，那你是不是會對他這整個人改觀？一旦卸下心防，很多事情就會聊開來，自然而然彼此就會變成朋友。

我不論在歐洲或在日本，其實就是像是那個非洲人，經常讓對方感到驚奇。我後來怎樣從無到有，逐漸開拓日本各

城市的市場呢？就是因為有時候客戶發現我比他們還懂日本呢！我可以跟他們聊聊一休和尚，其實他的父親還是日本南北朝時代的天皇呢！還有談起管理學，我也跟他們聊日本三大幕府織田信長、豐臣秀吉、德川家康各自的管理風格等等。當我們可以天南地北聊，無所不聊，而不是拿出報價單解釋完後，就開始雙方尷尬的客套話，那後續的交情自然是不一樣的。

在現代網路發達，據說很多年輕孩子都不買書，也不看書了。整天都只上網、打遊戲。如果上網有用心去蒐集資料，學習知識那還算好的，最怕的只是東看西看一堆片面「看過即忘」的假資料，或讀了也不做求證的，那些真假不明的負面訊息，那樣只會浪費時間，甚至帶來錯誤的觀念。

因此，我還是鼓勵年輕人還是要多讀書，讀萬卷書，也行萬里路，這樣不論將來身處在怎樣的產業，充實的內在就是你事業成功的本錢。

　　我喜歡從不同的角度來看待同一件事情，或在不同時空環境裡，體驗類似的情境卻有著不同的感觸。

　　例如在不同的國家過新年，感受不同的慶祝方式。在日本，新年時人們習慣去神社參拜，這是從江戶時代一直保留到現在的傳統。而在台灣春節到廟裡祭拜也是習俗，許多大型廟宇都還有搶頭香的活動。同樣有神明，同樣有參拜，同樣有求籤，也同樣期許新的一年平安、順利、賺大錢。

　　在西方有不同的過年及節慶形式，而就算是同樣歐陸國家，也是同中有異，而跨海到了美洲，則又是另外的形式。像感恩節在美國是年度很重要的日子，但英國卻不特別慶祝感恩節。但美國不是十八世紀由英國獨立出來的嗎？

　　邊比較彼此不同，邊思考其背後意義，就會了解歷史背景以及一些宗教上的差異等等。當經歷深思熟慮後，再來感受節慶那種氛圍，而絕非只是單純的走馬看花，卻一點都不明所以。一種是體驗後的充實，而另一種只是熱鬧後的空虛。

◎ 從台灣傳至日本的溫情

　　雖然經歷過很辛苦的開疆闢土的崢嶸歲月，在不同國家用不同語言去拜訪客戶，但其實造訪那麼多國家，我最大的

收穫是心靈上的充實。那種充實並非來自出國前臨時抱佛腳K些旅遊書硬記下的死知識，而是有溫度、有深度的閱歷及感觸，每到一個地方，過往的印象和現在的實境相對照，有種「見山不是山，見山又是山」的意隨境轉的領悟。

2000年底我剛到日本，初始因為不明國情，拜訪客戶著實碰了許多釘子，整個2001年，我從北到南整個日本走透透，所有的重要通路都拜訪過，這樣南北奔波至少三趟，假日也不得休息，必須與重要客戶應酬或準備簡報，就這樣一年下來，總算在日本市場打下了基礎，讓長榮航空可以漸漸成為兩地航空交通旅客的新選擇。

到了2002年我才比較有空閒可以擁有周休假日，讓我去各個地方走走逛逛。我喜歡定點式的去感受一町一區的生活氛圍，在地特色。例如在東京，可以沿著表參道從青山走到原宿，品味年輕人的時尚，了解Cosplay的文化；也可以徒手信步在台灣人比較少去的巢鴨區，那裡被稱為「老人的原宿」，比較兩個地方的逛街的氛圍以及展售商品，是一種完全截然不同的心境。

在東京我習慣的旅遊方式有兩種，一種是搭著JR山手線，從地圖上可以看到這是一個環狀線，可以繞一圈回到起點，我以順時鐘方式大約每個假日選定一個站，徒步走走逛逛，深入那個區的每個地方，看建築、嚐小吃，也參訪跟當地文化有關的景點或文物展示。另一種，則是騎著腳踏車，特別是在春夏之交，天氣好的日子，在都會區裡穿越綠地及不同巷弄，感受和風吹拂的樂趣。

這裡要提提我的那輛腳踏車，是真正由台灣帶過來的捷安特的小摺，說起這輛小摺，那是個友誼長存的象徵，來自台中地區的旅行社同業好友們，在我赴日後，特別跨海帶來這輛當時最新款的小摺。讓我感到非常窩心。

我從歐洲回來後不久，奉派返回我的家鄉服務，擔任長榮航空中部地區的最高主管，在這之前，中部地區的業績是很糟的，遠遠落後北、高兩市，卻在我就赴任一年後，打造出亮麗的成績，那年中部地區銷售成長全國第一。原因就在於「人和」的道理，一方面我可以站在旅行社朋友的角度想事情，一方面我也站在消費者角度想事情，因此那年我首創幾個特惠活動，都有觸動到人心，刺激買氣，也創造消費者、業者及公司三贏的局面。

由於我別具巧思的提出，買機票吃魚翅大餐的活動（當時並非列為保育類動物）；另外又跟春水堂進行異業結盟的合作，開立機票即可集點兌換春水堂的珍珠奶茶。結果反應超乎預期，同業迴響熱烈，也讓當時所有中部合作的旅行社，年度業績長紅，讓當時參與的業者銘感在心。後來聽說我要調任日本，那些業界老友們，更是特地組團專程來日本看我，並送我捷安特小摺的溫馨故事。

其實說起台中的春水堂，是不輕易與其他產業合作的，當年也是第一次跟其他產業配合。而背後的淵源，就是因為我在大學畢業後，還沒進入長榮前，我在 YMCA 教英、德語，經常帶學生去春水堂上課，也和當時很多年輕的員工，

建立長期友誼關係，而那些年輕員工，後來都成為該公司重要幹部或高管，彼此在洽談合作就比較沒隔閡感，合作也自然就水到渠成了。

所以時間不僅僅是一種「經歷流過」的概念，而是種智慧人脈以及影響力的累積。在每個當下的用心耕耘，將成為往後日子的甜美果實。

這樣的累積，不論你身在哪個產業或哪個城市都是一樣的道理。

在此要感謝台中大興旅行社的老闆許鳳釵女士，Tino 施，童素蘭，Hellen 張，王小玲，王彩鳳，張淑文的支持與關照。另外，要特別謝謝我的好友，春水堂沈銅娥副總的鼎力支持。

◎ 從我的那台小摺談起

說起那輛可愛的小摺，之後有其他故事。雖然是溫馨的禮物，但後來卻發現無法在日本騎，原來在日本那輛腳踏車算是非法的。

這是怎麼回事？

原來在日本，就算腳踏車也是要有車牌的。

那時有了小摺，我在經過整個星期的忙碌後，會騎車去附近補充民生必需品，或者偶爾在宿舍周邊繞繞。有一次我把小摺停在星巴克門口，進去喝杯咖啡，（日本的星巴克比

台灣便宜），忽然看見有警察過來「開單」，我當時有點錯愕，對腳踏車開單？這在台灣應該很少見。我立刻衝出星巴克趕快跟警察先生問怎麼回事，我說我是外國人不曉得規定，是這裡不能停腳踏車嗎？

警察也算明理沒給我開單，他只是告訴我，第一，我這小摺沒有前燈，更重要的我這小摺根本沒車牌。我才知道在日本腳踏車是要登記的，就跟台灣汽機車也要登記一樣，此外哪裡可以停車？甚至怎麼停？也都有規定。

其實這也看出日本為何相對台灣來說比較有秩序感，因為有著嚴格的管理規範，登記就代表管理，有管理就不會有種種亂象，一方面不會妨礙市容，一方面也攸關人身安全。而這點到目前為止，台灣對腳踏車管理依然有相當的改善空間，我經常看到 Ubike 亂騎亂放，人行道上人車爭道甚至擦撞時有所聞，還有所謂腳踏車墳場，在很多重要的人行道上，都有許多被隨意棄置的單車。不過比起十幾年前，台灣單車管理總算有進步，應該也是跟國外取經的緣故吧！

提起腳踏車，這裡要聊聊日本在地的腳踏車文化及其背後的淵源。腳踏車是都會區日本人很重要的交通工具，那是因為對上班族來說，日本物價高，買車不是人人的必要選項，而大部分的大城市都有相對便利的地鐵，所以許多人都是搭地鐵上下班。基本上，大家都希望住得離車站越近越好，可是相對的越近車站地價越高，房租也逐漸高到上班族負擔不起，因此退而求其次，希望住在以車站為中心走路十分鐘範圍內，然而還是太貴，只好住更遠，那時候就需要騎

腳踏車代步了。

在日本機車不普及，主要都是腳踏車，可能通勤時把腳踏車停在車站附近，然後搭地鐵上下班。或許台灣朋友覺得走走路運動不是很好？但這跟氣候有關，日本的冬天非常的冷，要頂著寒風走很長一段路，是非常辛苦的。尤其是下雪的時節，不僅行動不便，在雪中步行也容易受到風寒而生病。

腳踏車管理重要嗎？反正又很少出「車」禍？騎腳踏車也不需要駕照，有需要搞得那麼複雜嗎？

但有許多事情，如果一開始不嚴格行事，到後來就會問題叢生。

這就好像研習華人文化，長久以來的一個口頭禪，同時也是壞習慣，那就是「差不多」，這也差不多就好，那個也「青菜」就好，東一個馬馬虎虎，西一個隨便啦！每個地方都差一點，加總起來就差很多了。

當然，現代的台灣也是有很多專注效率的企業，有舉世聞名的高科技產業園區，那裏重視細節是細到百萬分之一的精細度，但除了特定產業外，回歸到生活習慣，台灣人相對來說還是比較隨興，不夠嚴謹。

這只是一種對比的思考連結，不一定日本就比較好台灣就比較差，畢竟若太過嚴謹就會變得一板一眼，甚至食古不化。但有機會多了解不同文化，可以見賢思齊，見不賢而內自省，這不只適用在不同國家與民族間的比較，也適用在一般日常生活的學習。

對年輕人來說，重點還是懂得用雙眼去看，用腦袋去思考，在走馬看花之餘也有些學習心得。例如提起腳踏車，日本東京是這樣，那日本較偏遠的城市是否也是這樣？而相對於日本，美國又是怎樣？對比來看，美國是到處都汽車，許多人從中學時代就有自己的車；台灣則是機車王國，每到下班時間，馬路重要通道上機車成群的畫面非常壯觀，日本則是腳踏車為主少見機車。這後面各有甚麼歷史文化背景因素，經常去思考這些東西，相信可以讓事情的角度更多元，心胸也更寬廣。

LESSON 22 嘗試去深入認識一個民族

　　我時常會去想，一個現象是如何產生的？就好比我們桌前的一碗麵，背後不僅僅有種麥、製麵、作料、熬湯等過程，也包含麵食文化經歷的時代背景，日本的蕎麥麵、烏龍麵、不同地方的特色拉麵，台灣的牛肉麵、擔仔麵等都有各自的故事。

　　麵是如此，那種種的社會現象，背後一定也有許多的「為什麼」？

　　當一個人學會去探究這個「為什麼」？往往也是一個人在團隊裡可以脫穎而出的時刻。為什麼一個市區某地方變成時尚商業區，而另一處地方變成舊貨街？為什麼歐美人過聖誕節，華人很重視春節？為什麼面對同一個情境，不同國家的人處理方式不同？包括對女性的觀點，對不同膚色人種的對待，對教育後代的方式等等，有機會多思考，也多刺激大腦細胞活躍，這樣也相對的對健康有益喔！

　　好比同樣是穿Uniqlo，有人搶便宜，有人跟流行，有人則質疑便宜的商品是來自背後壓榨第三世界人民的血汗工廠。

　　也往往是那些肯思維的人，帶起一個觀念，風起雲湧後，其他後知後覺者才來跟進效仿。

◎ 那年，我在日本的生活

我在日本的時候，喜歡去很平民化的地方逛，就好比在台灣逛菜市場的概念。看看在地的飲食文化，攤販賣甚麼菜，也喜歡逛舊貨攤，例如我搭 JR 山手線，來到御徒町車站，那裡有個阿美橫丁，是條長長的商店街，可一路走去上野車站。那裡有賣很多二次大戰美軍留下來軍備品，如飛行夾克、戰備水壺等，其實所謂「阿美橫丁」，那個「阿美」其實就是 America 的讀音轉成日文。

而這樣的地方會讓我聯想起台灣的西門町，也是有很多類似軍用品概念的店，但當然賣的已經不是舊貨，而是仿古的商品，但台灣早年真的有所謂的「賊仔市」，有時候拍攝光復初期年代的電視劇也有出現，像以前台北車站中華路附近有個中華商場，後來拆掉了；現代西門町萬年大樓也是個挖寶的地方，但對五六年級的朋友來說，當年的萬年大樓又跟七八年級所看見的萬年大樓不一樣。

不論是台灣或日本，提起舊貨市場，就會跟美國有關，當年都有美軍駐紮，但背景又不完全相同，台灣是美援的概念，在那個國共交戰生死存亡特別年代因韓戰爆發改變了許多事，而美軍進駐的影響也帶來很長遠的影響，至今台美間還有很多糾葛。至於日本更不用說，當年是戰敗國，美軍進駐是一種暫時接管的概念，那對日本也是一種恥辱。但日本和台灣一樣，有賴美軍當時的援助才能打下現代工業化基礎。

同樣的舊貨市場，我在不同國家，包括歐美以及中國的不同省份，背後都有不同故事。在異國的舊貨市場、跳蚤市場、黃昏市場或特定節日才舉辦的市集逛逛，也是旅行中一種特殊的體驗。

在日本我也算是省吃儉用一族，畢竟日本物價真的太高了，因此有機會就常跑像阿美橫丁這樣的地方，例如我也會在跳蚤市場購買二手球桿、二手外套等，包括吃東西也是。在當地待久了，就知道哪裡有便宜大特賣，好比有壽司店，特別限定周六、周日的下午四點半以前一律半價，我就會把握機會，去享用平民美食。

也有那種類似路邊攤賣的一串串水果，我還記得用竹籤串起的哈密瓜，滋味超甜一支水果才一百日幣。當然，台灣各地也有水果攤，但當時那個哈密瓜串的美味，現在還很懷念。

提起攤販和市集，也是各地都有，我去過日本、菲律賓、中國鄉下地方的攤販，各有各的在地風味。不過日本真的是比較重視禮節國家，他們不時興邊走邊吃，在那我也入境隨俗，只能帶回去吃，不像在台灣逛夜市，可以穿著夾腳拖邊走邊啃水果串或烤肉串。

如果把我那年在日本的假日記事做成照片簿，那可能不會像大部分的旅遊記路都是在觀光景點打卡，而較多是融入庶民生活的側拍。像周六，我常常睡到早上十點，既睡得飽飽的，又能省掉早餐，然後快中午了就去排隊。為什麼要排隊？因為在日本只有排隊的店才是值得去的店，就算排個半

小時也沒關係，如此早午餐一頓一起解決。這樣的日子回憶起來也挺有滋味。

◎ 日本的民族性

我們都會說這世界上從不存在完全相同的兩個人，就算雙胞胎也是如此。星座跟生肖也把人類分成十二大類等等。所以理論上連個人都不同了，何況全國的觀念可能有上千萬種想法。

但卻依然確實的有民族性這樣的特質，真的就是不同國家有不同民族性，即便每個人個性不同，但不礙整體的民族性。那就好像人們說巴西人比較樂天，菲律賓人比較今朝有酒今朝醉，德國人比較嚴謹，日本人比較嚴肅多禮，台灣人則比較有人情味等等。

可以說每個人的個別個性，依然是被包含在整體的國家社會文化背景下面，畢竟是先有這樣的大環境，才孕育出每個人，這也是當我去到一個國家，會特別觀察的地方。

提起民族性，以日本為例，我就要提一下櫻花。每年春天的時候，日本有兩種很重要的花，一種是天上開的叫煙花，台灣稱為放煙火。一種就是櫻花，說真的，很多愛去日本朝聖的朋友，如果從沒在日本賞櫻，那就不算真正意義上的去過日本。

每年賞櫻的季節，各地都有花祭，不像台灣稱為花季，純粹是眾花盛開的季節到了去觀賞的意思，日本的花祭，稱

祭就有祭典的味道，背後就有一種神聖的意義。賞花不只是看美景，並且也要感受到「花魂」。

日本分公司的員工在櫻花祭時候，都會選定一個地點，請資淺的同仁先去櫻花樹下佔位子。例如上野公園或井字頭公園，在櫻花樹下鋪上蓆子，傳統的員工會慎重的穿著和服，大家一起喝酒唱歌賞櫻，而我也入境隨俗的在櫻花樹下一同飲酒作樂，慶祝春天的到來。

櫻花開花的季節大約在三月底，花序由南到北，陸續由九州、四國往北最後到北海道，日本的氣象台每年都會精準預測櫻花綻放的花期，雖然花期只有一個多月，但各地真正櫻花從盛開到凋零前後不到一星期的時間。所以其實是一種很短暫卻絢爛的美麗。

大家都知道櫻花是日本的國花，那可不只是因為櫻花的優雅美麗，在某種程度上，也正象徵大和民族的精神一種悲情主義的表徵，或者不該說是悲情而該說是悲壯。其概念就是，趁著最美的時候大放光彩，最極端的表現，就是許多文人選擇死在人生最美麗的時候，認為趁著青春正盛的時候結束生命，才能留下最美好的一刻。寫下「潮騷」這位著名的悲劇文學作家三島由紀夫，就是一位典型的代表人物。

這樣的觀念在環球現代化的二十一世紀雖然相對淡薄，但追求絢爛美麗的因子，仍流傳在日本人的血液裡。日本人曾經最流行的自殺方式，就是透過煤氣加工自殺，因為死於一氧化碳中毒的人，由於微血管破裂，讓皮膚出現泛紅，搭

配日本人白皙的肌膚，會呈現「美麗的」粉色膚色，乍看下的美麗，就很有符合大和民族悲壯淒美的殉道形象。

　　將這樣的民族性擴展到極致，會產生整體的國家個性。例如中華民族國花是梅花，強調的是凌寒中的傲然綻放，重點是堅毅，就是「再怎樣也要活下去」，民間流傳的是「好死不如賴活」。但在日本的櫻花精神，卻發展成武士道，並在一九三〇年代開始，結合軍國主義思想對外侵略，而在無限擴張最終面臨敗局後，竟然全軍共同流行神風精神，寧為玉碎不為瓦全，各式各樣瘋狂的舉動，犧牲小我成全大我的悲壯舉動，也形鑄日本人帶給外界的長久印象。

　　綻放吧！櫻花。

　　一開放就是完全盛開，毫無保留地給你，恣意盡情奔放，因為要及時享受最後的美感。

　　這就是日本的民族性。

　　我去過那麼多的國家，每個國家都有相當深入的觀察與駐留，留下很多印象，也讓我對人類這種生物存在有很多的感觸。不論歐美、東亞、南亞，我領略了不同的文化，以及人們為追求自身生命意義的種種表現。

　　而這，就是我的旅行生活印記之一。

行文至此，心中雖還有許多想法，奈何筆力有限，總覺得言有未盡，不能竟書。然而在不知不覺中，竟也已拉拉雜雜地贅述了八萬餘字。談不上是彰顯自我的成功傳記，也算不得什麼金玉良言，但畢竟是自己一步一個腳印所換得的心得與體驗，也算是為人生上半場做了一個小小的註腳。正當我苦於不知如何為本書收尾，該如何為自己的書畫上一個完美句點時，在某個機緣下，與博士班的才子同學吳珺聊起我的困擾，他只淡淡的一笑、簡短回了一句「此中有真意、欲辯已忘言」！是啊！其實，人原本就不該糾結於外在因素的紛擾，而更應該回到事物原始的本質，誠如金剛經所云「應無所住而生其心」，追尋的起點就是終點，我相信你知……

結語

故事未完成，你也要寫下屬於自己的美好故事

這是我的故事，但其實身為讀者的你可以有更精彩的故事。

本書主要聚焦在從求學時代到長榮服務時期的海外經驗及感觸分享，還有許多有關事業經營、創業斜槓、餐飲管理以及教育培訓等諸多心得及人生智慧，未來有機會也會透過演講或者系列書籍與讀者分享。

但本書最終我要跟讀者彼此互勉的，這裡雖以我的親身經歷以及我在不同國家的所見所聞為基底，做出關於人性思維、處世哲學等等的分享，但我更想要帶來的影響方式，是把我的故事當成一種拋磚引玉，希望藉由本書能讓各年齡層的朋友得到一些啟發。或許有人會說，李承仲這個人也沒有甚麼大不了的啊！他可以做到從無到有，締造種種成績，我也可以做得到啊！

我很高興大家能用實力來做挑戰，歡迎大家突破自己原本的框框，成就更美好的自己。

◎ 這一路跌跌撞撞的人生

想想我的人生，的確算是在沒甚麼資源的前提下，一步步走到今天。

回顧我年輕的歲月，其實也算是命運多舛。

小時候身體不好，有氣喘毛病，直到初中住校開始學游泳，身體才有改善。

念書過程也不是很順利，到了入社會工作更是每個階段都很辛苦，很多時候我都是那個必須從無到有，做開路先鋒的人。

當然辛苦的付出，得到的回饋是還算優渥的報酬，讓我得以好好照顧家人。感恩我有幸來到長榮這樣優質的企業，雖然也必須說，我的個性比較敢於衝撞及挑戰新的可能，有時候會跟長榮本身那種較傳統的日式管理文化有些格格不入。

簡單說，我是個不那麼墨守成規的人，特別是在不同的國家出任務，總要有彈性應變，無法凡事都中規中矩的一個命令一個動作。最終也因為個性、種種理念無法契合，我離開長榮這個大家庭，後來朝創業之路發展。

但不論如何，我永遠不會忘記在長榮時期各級長官及同仁對我的栽培勉勵以及帶給我的基礎職能訓練和生涯的歷練。

在那段我二十幾歲到三十幾歲的人生階段，我的確碰到很多挑戰。這裡指的不單單是個別任務上，碰到在不同國家的不同難關，也指的是我同時在家庭與事業兩方面都有相當

煎熬，經常蠟燭兩頭燒，並且這樣的日子持續十多年。當我三十出頭，才在歐洲歷練完回台，也正慶幸自己有能力為家人買屋置產時，卻不幸沒兩年後父親罹患中風，此後長達十年時間，我都必須邊忙著工作，邊焦慮著父親的身體狀況，他的症狀由輕症後來轉為重症，對我來說不論經濟上或精神上都帶給我的，不啻是雪上加霜，父親過世後，不到三年，母親也中風了，有時候我也會感嘆命運帶給我的那麼多考驗，但也在這樣過程中，內心有了許多的自我省思。

我的工作讓我可以接觸到許多國外的狀況，看到另一種站在台灣本島視野看不到的景象。然而就算不在國外，我也看到很多人生悲慘面。

印象很深刻的，921 大地震那年，我擔任的是長榮中部地區的最高主管，那時辦公室位在精明一街一處商務中心。地震發生在晚上，隔天一早我趕去辦公室，一看大樓一樓所在的長廊地板，都已碎裂甚至隆起，我連要從一樓到七樓都步步驚心，電梯當然是停擺了，樓梯則是有著碎石甚至有像瀑布般的水流下來。到了辦公室門口，正門已被夾壞無法開啟，必須從側門進去，內裡慘不忍睹，一堆文件及倒落的物品泡在水中。當時我想連絡總公司也沒辦法，話機都不能用，得要再次戰戰兢兢的走樓梯到外面，另外找公共電話回報。

之後公司派我以台中分公司主管身分擔任救災代表，帶著業務同仁，一方面去慰問和我們有合作往來公司的旅行業客戶家人，也用簡單物資賑濟災民。我真的看到很多讓我鼻

酸的場面，那一路上躺著很多用白布包裹的屍體，空氣中也有著掩不住的屍臭。那回的印象讓我難以忘懷，乃至於在本書中我有提到，我後來派駐印度談航權時，看到機場通往飯店的路旁，躺著一排排的用白布包裹著的人體，我還以為那裡怎麼死那麼多人？原來那是遊民裹著白布靠在一起取暖。

在台灣另一次印象深刻的災難，就是納莉颱風。那一回我剛好調回台北總部任職。在我們長榮有個不成文的規定，就是不論風吹雨打，除非自家門口的路真的完全中斷無法出門，否則多差的天氣都要到公司上班，做為一種長榮精神，大家都遵守。那回白天雖有風雨，但狀況還不到「路斷」地步，我就把西裝襯衫及領帶等另外用包包裝著，穿著短褲夾腳拖搭計程車去公司。之後風雨更大，公司要讓大家回家，並且還安排有小巴當做專車來接送。我家住在民生社區圓環那一帶，但當天巴士開到捷運忠孝復興站那裡就已經無法前行，因為整個望去已經一片汪洋。那時是下午一點，結果我下車邊踏水邊小心翼翼探勘前行，最深的時候水都已經淹到肚臍以上，我整整花了四個小時，才摸索著來到民生社區的家。

事情還沒完，當我一身泥巴滿身大汗想梳洗，卻發現家中沒水沒電，只得再下樓跨水去到一家還有營業的便利超商，買來一瓶礦泉水（因為水被搶光只剩最後一瓶），就用那瓶水沖洗身上泥巴。

想想人生就是這樣一關又一關的考驗，在台灣如此，在人生地不熟的海外狀況更多，像我剛派駐日本第一周就整個

錢包被偷走，隔兩年被調去中國，剛到沒多久就遇上 SARS 風波。提起疫情，時間來到這幾年，我因緣際會接手了台北城大飯店經營，才剛打造出有史以來最佳的業績，才半年就碰到席捲全球的新冠肺炎風暴，打趴所有旅行餐飲飯店業，我也再次感嘆命運真的是很喜歡給我充滿刺激挑戰的人生啊！

即便如此，關關難過關關過，也就這樣一路闖將過來，回顧整個過程雖很辛苦，但也真的命運的習題讓我身心靈的學習獲益良多。

◎ 追求真正的學習

雖然這十幾二十年來不論海外拓展之路，或者在台創業之路，回顧起來都有很多艱辛。但非常感恩，我的努力也獲得相當的肯定，在包含觀光、管理以及教育領域，我都還算擁有一席之地。特別是航空管理這領域，平心而論，放眼台灣少見像我這樣可以對航空全方位領域都有經驗的人。

但人生永遠不能自滿，當你停下來孤芳自賞的時候，本來在後面的人就會迎頭趕上，至於本來就領先你的人，更是跑到很前面，遠到你連他們車尾燈都看不到。

所以人生總要持續學習，我在拚事業之餘，也去攻讀了博士學位，也獲聘去大學任教。除了我最擅長的經營管理、還有語文，我也受邀教授國際禮儀。

實在說，教育這份工作對我來說從來都不是植基於商業

獲利層面，我相信我經營事業可以賺得遠比當老師的收入多。但對我來說這已經是種人生使命，我想要跟更多的人分享我的經驗，讓年輕人能夠早點在國際社會上打造競爭力。

為了教育志業，我因此還投資了一個教育平台。那個平台創立者是我博士班的同學，一個來自瓜地馬拉的年輕女孩，她創業那年來台已經七年，我認同她的教育理念，也投資及參與拓展那個平台。

說起教育，台灣人教育情況好嗎？官方說法都是台灣教育普及，在台灣幾乎沒有文盲。然而所謂教育重點不應該是放在會不會考試這件事上，台灣的孩子很會考試，但台灣的孩子畢業後工作適應力有很強嗎？

就以英文學習來說，不可否認地，台灣孩子的英語溝通力不及格，對比於新加坡和香港，我們的英語教育更是明顯有落差。英語教學不該只是背單字，念誦課文，但真正碰到外國人卻只會嗯嗯啊啊、臉紅甚至直接逃開。如果說台灣學生英文學習力不強也不甚公平，應該是整個教育文化還有教育環境，我們連教育師資都不夠，許多英文老師自己都沒有可以和外國人應對自如的能力，那又如何教導學生？

我總是跟年輕人說，學任何事情，語文也好、中文也好、歷史也好，學習這件事，重點是融會貫通，而不是只會應付考試。

以任何一種語言來說，也包括我們自己的中文，我們應該有的基礎觀念是：

語言只是文化的載具、文化是語言的靈魂。所以要學習語言，要先了解文化。

如果背誦一個單字，卻完全不懂那個字的意思，或者這個字描述的東西實際上長甚麼樣子以及為何有這個字？如果都不清楚，這樣學起來不是很痛苦嗎？就好像中文也是如此，你背一首詩，完全不了解那首詩的時代背景，那就變成只是無病呻吟，為什麼「國破山河在，城春草木深」？為什麼白居易寫了一首《長恨歌》？那個「恨」是甚麼恨？詩中說「漢皇重色思傾國」，還說「六宮粉黛無顏色，從此君王不早朝」，所以紅顏真的是禍水嗎？其實不論是杜甫的《春望》或者白居易的《長恨歌》，背景都連結到影響唐朝興亡關鍵的安史之亂，當學歷史的時候深入了解後面的來龍去脈，等念到跟這個朝代相關的詩詞，就能體悟那樣的意境。所以讀書應該要讀「通」，而不是只是很會記誦。記得以前唸書時代，為了怕考不好被責罰，很多人都在不明其義的情況下，死背硬記，包括背誦文言文，哪裡該放逗點都不能搞錯。結果背了一大堆，考試也都及格，但過沒幾星期都忘光光，學習等於交了白卷。這樣的學習是真正的不及格，比起成績單上的不及格，這種不及格才真正糟糕。

也因此，我的人生上半場，在花了十幾二十年從事航空及餐旅相關事業後，下一波主力會放在教育志業上。

◎ 你必須再創高峰

我認為每個人一生都要不斷學習，但學習要有效率，前提就是要培養興趣。

以前述的詩文或英語研習來說，如果先了解歷史及文化背景，那麼學習自然會產生聯想，聯想就會帶來興趣，興趣就會讓學習真的到位。

我本身大學時主修的是德文，比起英文，德文更是冷門更是難學，但我的學習植基於從小就累積的興趣。我小時候很喜歡組裝模型，我是 TAMIYA、日本長谷川模型系列商品的愛好者，組裝過各式各樣的飛機、大砲、坦克等等，也因為這些模型連帶地對二戰歷史有興趣，我小時候就已經分得出來不同國家的戰機型號，我也知道在二戰初期，德國的飛機擁有一面倒的技術優勢，掌握完全制空權，直到英 P51D 姆斯坦飛機問世才真正打敗德國戰機，之後德國就失去了空優。

無論如何，早年時候我就知道，德國在工藝及科技領域上擁有相當的水準，德國對我來說是種品質象徵。以這樣的基礎，我後來主修德文，也非常融入。

我認為每個人不論本身興趣是甚麼，都應該要有起碼的歷史通識知識，畢竟，你我都屬於歷史，都孕育自歷史。當你腦海中有清楚的歷史一覽表，可以建立自己的歷史觀，那麼之後學習其他學問都有了較好根基。

我讀史有發現，盛世似乎越來越短，最早時候的夏商周

時期，一個朝代都很長，像是西周加東周，長達八百年，之後秦朝結束春秋戰國，一統天下，再後來大漢盛世登場，長達約六百年，到了下一個盛世，大唐盛世就只剩四百多年，唐之後的北宋加南宋是三百多年，再後來的一統大朝代，明清都只有兩百多年。這代表著世界變化越來越快，所以世事如雲，風雲詭譎。而不免想到渺小的人類，在每個世代都只是過客。光陰荏苒，不要妄想去叱吒風雲，但也不要妄自菲薄，總是在屬於自己的這個時代，盡力而為，成就無怨無悔的功業。

所以我為了不讓自己跟時代脫節，都要保持著與時俱進。我自己念博士的時候，除了自己精進，也順便讓自己孩子看見，當我要求孩子念書，我自己也在學習以當作榜樣。

我告訴孩子，學歷不是最重要，對得起自己最重要。我自己本身也不算名校出身，當年進入職場也只是個學士。有的人以為這世界就給那些名校出身的人去闖，三流學校出身的人就要混個生計可以過就好。這是大大的錯誤。

不管你是明星學校出身或三流學校畢業，也不管你是所謂的一軍二軍還是哪一軍，在人生路上，你永遠都要當自己的將軍。

不要再說甚麼我能力只能如此，甚麼此生無大志，只求六十分。

人生不是拿來混的，不但要盡力追求到好，並且要每天都比前一天好。現代人愛說斜槓，這不是一種時髦，而是社會現實。因為在如今社會，你單純會一項技能是不足的。除

非你真的可以誇口說，這項技能你真的做到極致，好比你跟吳寶春先生一樣是做麵包最頂尖的，或者你是咖啡烘焙的世界冠軍等等。

　　就算你真的有一技之長，人生這樣就夠了嗎？也許過生活沒問題，然而午夜夢迴你不會有時候有種困惑？如果我是個名廚了，難道這輩子除了很會做菜我不再去涉獵其他領域了嗎？有人覺得日復一日工作有了倦怠症，選擇出去旅行讓自己放空，那樣當然沒有不好，但畢竟只是種逃避。如果設法讓自己的生活及生涯擁有更多面向，那樣是不是更好？人生永不厭倦，以現實生涯來說，多才多藝的人也永遠不怕丟了飯碗。

　　最終我也要用這個意境和讀者互相勉勵，如果你已經在一個領域奮鬥多年，現代的你只有六十分，那請繼續加油，朝七十分八十分，以及更高境界邁進。如果你在某個領域已經小有名聲，是那個產業的行家，是被人尊稱為師傅或前輩的高手，那也請不要自滿，以山嶽來比喻，不論你原本的階段算是多高的山峰，你都要有勇氣，走出舒適圈，去攀登另一個高峰。

　　人生可以說很短，也可以說很長，就看你能不能創造精彩度。如果你爬到一個高峰，就長期駐守在那裡生養歇息，那可能提早就寫完你的傳記了，如果你願意再創高峰，挑戰不同境界甚至去斜槓另一個全新的領域，那你的人生肯定就會非常不同。

祝每位朋友都能再創高峰。

每一個明天，都有著新的熱情與期待。

境隨心轉，C'est la vie
：李承仲董事長勵志人生指南超展開，打造你想要的人生！

作　者／李承仲
美術編輯／了凡製書坊
責任編輯／twohorses
企畫選書人／賈俊國

總 編 輯／賈俊國
副總編輯／蘇士尹
編　　輯／高懿萩
行銷企畫／張莉滎　蕭羽猜　黃欣

發 行 人／何飛鵬
法律顧問／元禾法律事務所王子文律師
出　　版／布克文化出版事業部
　　　　　台北市中山區民生東路二段 141 號 8 樓
　　　　　電話：(02)2500-7008　傳真：(02)2502-7676
　　　　　Email：sbooker.service@cite.com.tw
發　　行／英屬蓋曼群島商家庭傳媒股份有限公司城邦分公司
　　　　　台北市中山區民生東路二段 141 號 2 樓
　　　　　書虫客服服務專線：(02)2500-7718；2500-7719
　　　　　24 小時傳真專線：(02)2500-1990；2500-1991
　　　　　劃撥帳號：19863813；戶名：書虫股份有限公司
　　　　　讀者服務信箱：service@readingclub.com.tw
香港發行所／城邦（香港）出版集團有限公司
　　　　　香港灣仔駱克道 193 號東超商業中心 1 樓
　　　　　電話：+852-2508-6231　　傳真：+852-2578-9337
　　　　　Email：hkcite@biznetvigator.com
馬新發行所／城邦（馬新）出版集團 Cité (M) Sdn. Bhd.
　　　　　41, Jalan Radin Anum, Bandar Baru Sri Petaling,
　　　　　57000 Kuala Lumpur, Malaysia
　　　　　電話：+603- 9057-8822　　傳真：+603- 9057-6622
　　　　　Email：cite@cite.com.my
印　　刷／韋懋實業有限公司
初　　版／ 2022 年 9 月
定　　價／ 350 元
Ｉ Ｓ Ｂ Ｎ／ 978-626-7126-65-3
Ｅ Ｉ Ｓ Ｂ Ｎ／ 9786267126660 (EPUB)

城邦讀書花園　布克文化
www.cite.com.tw　www.SBOOKER.COM.TW